LES MÉTIERS DU DROIT

Débora Fiori

letudiant.fr

Remerciements

Je tiens à remercier José Fouque, proviseur du lycée Vauvenargues à Aix-en-Provence et le conseil régional des notaires de PACA, ainsi que tous ceux qui ont pris le temps de répondre à mes questions.

Sommaire

Introduction

Les guides de l'Etudiant répondent à vos questions sur l'orientation. À partir d'une méthode simple : vous écouter.

Vous le constaterez aisément, les questions qui structurent ce livre sont les vôtres. Nous les avons collectées au cours des conférences organisées sur ce thème lors de nos divers salons, partout en France, et dans les forums ouverts sur www.letudiant.fr. Pour y répondre, nous nous sommes appuyés sur l'expérience d'enseignants, de responsables de formation, mais aussi sur les témoignages d'étudiants ou de professionnels. Pour vous guider au mieux, nous avons complété le texte de repères utiles : les principaux points à retenir, des références à d'autres publications, des liens Internet… Dans un même ouvrage sont ainsi rassemblés tous les ingrédients qui vont vous permettre d'amorcer votre réflexion.

Parallèlement à cette lecture, vous pouvez suivre sur www.letudiant.fr les dernières évolutions des filières ou des métiers qui vous intéressent. Nous vous invitons en outre à vous abonner à sa lettre d'information hebdomadaire (gratuite) : elle vous signalera nos nouveautés et vous alertera sur les étapes clés de l'orientation. Ce suivi est fondamental. Vous le savez : bien s'orienter, c'est d'abord bien s'informer. Parce que notre enseignement supérieur est d'une redoutable complexité. Parce que la richesse des filières demeure, pour beaucoup, un trésor caché. Parce que la puissance des représentations est parfois terrifiante et qu'elle stérilise l'imagination.

Ce livre est donc une porte d'entrée. À vous d'enrichir votre projet en rencontrant des étudiants et des responsables de formation, dans leurs établissements ou lors des manifestations qui ponctuent l'année – l'Etudiant en organise plus de 60 sur l'ensemble du territoire. À vous de piocher dans notre liste d'établissements (plus de 5 000 !) en vous connectant sur www.letudiant.fr pour découvrir leurs offres en détail. À vous aussi de confronter vos projets à vos capacités, vos désirs à la réalité, et si ces désirs vous semblent flous ou difficilement formulables, prenez conseil auprès de spécialistes (les nôtres vous aident de manière individualisée à travers notre offre « l'Etudiant Services orientation »).

Bonne lecture, et à bientôt !

Emmanuel Davidenkoff
directeur de la rédaction de *l'Etudiant*

1 Pourquoi travailler dans le droit ?

Tout d'abord, qu'est-ce que le droit ? Si vous analysez votre quotidien, vous vous apercevrez très vite qu'il n'existe pas un domaine qui échappe au droit. Il couvre l'ensemble des règles qui régissent la vie en société. Ce qui paraît étonnant, voire déroutant au premier regard, c'est que ces règles sont tout aussi bien constituées d'interdits que de droits. Elles font partie de la vie courante et déterminent la plupart des gestes et leurs conséquences.

LA FABRIQUE DU DROIT

Code civil, code de commerce, code de la propriété intellectuelle, code du travail, pour ne citer qu'eux, tous les domaines sont régis par le législateur ! Chaque loi fait l'objet d'une longue réflexion.

Une inflation de nouvelles règles

Le législateur, c'est celui qui propose et vote les lois. En France, c'est le rôle des députés et des sénateurs. Selon l'ouvrage de Philippe Sassier et Dominique Lansoy paru en 2008 et intitulé *Ubu loi, trop de lois tuent la loi*, la France compte 10 500 lois et 127 000 décrets auxquels il faut ajouter les lois de la Communauté européenne : 7 400 traités et 17 000 textes communautaires ! Depuis ces dernières années, les lois se multiplient à une allure vertigineuse, ce qui complexifie toujours un peu plus le travail des experts du droit. « Il y a tant de textes que parfois cela sème la confusion.

Il est difficile de savoir lequel appliquer », confie une magistrate de façon anonyme.

Une matière en évolution constante

À l'image de la vie, le droit est en perpétuelle évolution, c'est une matière vivante, riche, et il est vrai, un peu complexe. Étudier le droit ce n'est pas juste apprendre par cœur des pans entiers de textes, c'est aussi comprendre la réflexion qui en sous-tend l'application. D'ailleurs, la plupart des professionnels affirment que le droit appris à l'école n'est pas celui qui est mobilisé dans l'exercice du métier. Suivre des études de droit, c'est donc avant tout apprendre un système de pensée, une grille d'analyse. Bien sûr, les applications seront ensuite bien différentes selon que vous choisirez de devenir avocat, juriste, magistrat ou encore huissier.

QUI SONT LES PROFESSIONNELS DU DROIT ?

S'engager dans des études de droit présente un avantage très clair : celui d'avoir accès à un large panel de métiers, à condition de viser des études longues. Comprenez par-là qu'il faut aller jusqu'en master 2, voire plus.

Un secteur qui recrute

Ce secteur emploie près de 130 000 personnes en France, dont près de 52 000 avocats. Ensuite viennent les juristes (15 000 salariés), puis les notaires (9 000 emplois). L'arrivée massive à l'âge de la retraite des baby-boomers devrait engendrer le renouvellement du secteur. Toutefois, pas de joie excessive : il convient d'avoir à l'esprit que le droit est un domaine très réglementé (notamment par l'État *via* un *numerus clausus* qui établit chaque année le nombre de magistrats, d'huissiers ou de greffiers qu'il faut former) et que l'accès à la profession est toujours conditionné par l'obtention d'un diplôme. La plupart des métiers du droit ont subi une réforme dans leur accès ou leurs conditions d'exercice. Des statuts de salariés ont notamment vu le jour chez les notaires et les huissiers.

Les magistrats et les avocats sous les feux de la rampe

Leurs noms apparaissent dans les médias lors de certaines enquêtes. Le procureur est la personne incontournable pour les journalistes, dès lors qu'une personne est recherchée ou qu'un accident survient. Ils sont également sollicités pour obtenir des renseignements lors des enquêtes sur des affaires politico-économiques. Qui n'a jamais entendu parler du procureur Éric de Montgolfier et de l'affaire Olympique de Marseille-Union sportive Valenciennes-Anzin (OM-VA), et nommé à Nice par le ministre de la Justice de l'époque « pour faire le ménage » ?

Les avocats partagent également le devant de la scène... Même si seule une toute petite poignée sur les 50 000 qui exercent en France aujourd'hui accède à la célébrité. Vous avez peut-être d'ailleurs choisi de faire du droit pour ressembler à Serge Klarsfeld, Jacques Vergès, ou Gilbert Collard. Stéphane Baller, avocat associé chez

INFOS PLUS

Pour en savoir plus sur ce même sujet, lisez aussi les questions **10**▸p. 49, **11**▸ p. 54 et **16**▸p. 86.

Ernst&Young a une belle définition du métier : « Devenir avocat, c'est choisir de regarder le monde autrement. La réflexion intellectuelle permet de tordre la réalité et de se dire qu'il est possible de l'améliorer. »

Les métiers moins connus mais porteurs

Les greffiers travaillent dans l'ombre des magistrats, mais leur activité méconnue est indispensable au fonctionnement de la justice. Sans eux, les jugements n'existent pas. Les notaires et surtout les huissiers de la nouvelle génération bataillent avec la mauvaise réputation attachée à leur exercice. Dans les faits, leurs fonctions, souvent très rémunératrices, sont diverses, ancrées dans la vie quotidienne des Français.

Les administrateurs judiciaires jouent un rôle vital pour l'économie en venant en aide aux entreprises en difficulté. Ce sont les hommes de la dernière chance, tentant de redresser la barre dans la tempête qui fait rage entre le chef d'entreprise, ses salariés et ses créanciers. Le commissaire-priseur, quant à lui, n'intervient pas que pour vendre des biens saisis par la justice, il joue un rôle prépondérant sur le marché de l'art. C'est un métier qui requiert d'ailleurs une double compétence en droit et en histoire de l'art.

INFOS PLUS

Pour en savoir plus sur ce même sujet, lisez aussi les questions **19** ▸ p. 107, **20** ▸ p. 113, **21** ▸ p. 119, **22** ▸ p. 127, **23** ▸ p. 133 et **24** ▸ p. 139.

Des profils de juriste dans la fonction publique

Le droit est également la voie royale pour se former avant de préparer les nombreux concours de la fonction publique :

directeur de prison, commissaire, inspecteur des douanes ou du travail, inspecteur des impôts, éducateur de la protection judiciaire de la jeunesse, ou pour entrer dans la fonction publique territoriale.

INFOS PLUS

Pour en savoir plus sur ce même sujet, lisez aussi les questions **8**▸p. 43 et **25**▸ p. 146.

Par exemple, avec un bac+3 vous pouvez tenter le concours d'attaché territorial. La fonction hospitalière est également de plus en plus demandeuse de profils de juriste pour les postes de cadres hospitaliers (concours de catégorie B), d'attaché de direction voire de directeur d'hôpital (concours de catégorie A). Et si vous avez envie d'une carrière à l'international, les études de droit constituent une solide formation pour réussir les concours d'accès à la Commission européenne.

Des conseillers juridiques dans tous les secteurs

INFOS PLUS

Pour en savoir plus, lisez aussi la question **14**▸p. 74.

En raison de la judiciarisation de la société, c'est-à-dire de la multiplication tant des procès que des textes de lois, les entreprises prennent de plus en plus de précautions. Pour se prémunir au mieux, elles cherchent donc à embaucher des salariés possédant des compétences en droit. C'est particulièrement vrai dans le secteur de la banque, de l'assurance, de l'immobilier, de la grande distribution, ainsi que dans les cabinets-conseils.

À retenir

1\ **La société** est de plus en plus régie par le droit.

2\ **Il existe de très nombreux débouchés** après des études de droit.

3\ **À côté des métiers phares** que sont ceux d'avocat et de procureur, le droit ouvre sur des carrières très diverses.

2 Comment réussir mes études de droit ?

Le cursus séduit de nombreux jeunes, ainsi 30 000 nouveaux étudiants s'inscrivent chaque année en droit. En tout, près de 190 000 étudiants en France étudient cette matière qui vient en seconde position en nombre d'inscrits après les sciences sociales. La filière est connue pour offrir de nombreux débouchés, selon le site du ministère de l'Enseignement supérieur et de la Recherche : « Les diplômés en droit, économie, gestion, et en sciences, technologies et santé sont ceux qui s'insèrent le mieux sur le marché du travail, avec un taux de 92 % contre 90 % en sciences humaines et sociales et 87 % en arts, lettres et langues. »

Mais avant d'en arriver là, il faut être conscient du fait que les études de droit sont longues et difficiles. La première année est à peu près comparable à celle de médecine. La concurrence est féroce et ceux qui étaient venus là pour se détendre partent souvent avant Noël.

QUEL BAC EST LE PLUS INDIQUÉ ?

« Il n'existe pas de bac idéal, toutefois les bacheliers issus des filières généralistes, le plus souvent ES, S et L ont plus de chance que les autres de réussir, puis vient le bac STG. Les bacheliers des autres voies technologiques auront plus de difficultés, précise Marie Masclet de Barbarin, assesseur à la vie étudiante à la faculté de droit d'Aix-Marseille. Il faut avoir un bon niveau d'expression écrite et se sentir capable de travailler régulièrement. » Globalement, 40 % des étudiants inscrits en première année ont passé un bac ES, 18 % sont issus d'un bac littéraire, 15 % d'un bac scientifique et autant de la filière STG.

LA FAC DE DROIT EST SOUVENT UN « CHOC »

« Le premier jour, c'était horrible. Je venais d'un petit lycée où j'avais l'habitude de beaucoup échanger avec les professeurs. Et là, je me suis retrouvée dans un univers complètement différent, avec 800 étudiants par cours en amphithéâtre, et des professeurs forcément plus distants. De plus, ils ont peu de temps à accorder à leurs élèves : ils cumulent plusieurs casquettes en étant souvent en plus directeur de master, et avocat. » Dorothée, étudiante en master 1 à Strasbourg, relatant un premier contact difficile avec l'université, n'est pas une exception, bien au contraire. Le passage du lycée, avec des classes de 30 élèves, à un cours avec 800 étudiants n'est pas facile à vivre. Il n'y a que durant les travaux dirigés qu'il est possible de retrouver une certaine proximité avec l'enseignant et les autres élèves, car en TD, les groupes sont constitués en moyenne d'une trentaine de personnes.

Le rythme intense des cours magistraux

En fac, il n'y a pas de manuels scolaires sur lesquels s'appuyer, et les cours que vous suivrez seront donnés à 99 % oralement. Il est donc vivement recommandé de lire les ouvrages rédigés par les enseignants qui dispensent les cours. Ils vous apporteront des informations supplémentaires sur les cours, ainsi qu'une base écrite à partir de laquelle vous pourrez éplucher la réflexion juridique. « Par moments, j'ai l'impression de suivre un journal télévisé. J'ai le sentiment d'être passive et parfois, de prendre des notes sans les comprendre. J'attends d'être rentrée chez moi pour ouvrir mon dictionnaire juridique et saisir l'intérêt du cours », confie cette jeune étudiante.

Une concurrence féroce

La première année sert d'écrémage. Ceux qui sont arrivés là par hasard ou qui ne sont pas prêts à s'investir vraiment décrochent avant la fin de l'année ; cela représente 10 % des inscrits. Et la concurrence est rude entre ceux qui restent. Seul un important travail personnel permet de tenir le rythme : « Il faut un peu souffrir pour mériter son année, mener beaucoup de recherches personnelles, notamment sur les textes qu'il faut décrypter pour comprendre, conseille Dorothée. Les professeurs nous enseignent des matières jusqu'alors inconnues. C'est tout neuf. Après la première année, le niveau ne baisse pas et la compétition reste forte. Le grand enjeu c'est, pour la plupart, de décrocher un master 2. Comme il n'y a que 30 places, ça se joue, entre autres, sur le dossier ! »

Cette première année est aussi une occasion pour les étudiants de découvrir des métiers auxquels ils n'auraient pas pensé auparavant. À l'image de Flavia qui suivait des études de droit à l'université Pierre-Mendès-France, à Grenoble,

INFOS PLUS

Pour en savoir plus sur ce même sujet, lisez aussi la question 3 ▸ p. 22.

avec comme objectif unique de passer le concours d'entrée de la police ou de la gendarmerie. Après une année d'études, elle a décidé d'élargir son champ de vision. « Aujourd'hui je me donne de la marge pour choisir. J'ai découvert la géopolitique que j'ai beaucoup appréciée. La première année est tellement intense que l'on est obligé de se remettre en question », reconnaît-elle.

COMMENT RÉUSSIR LA PREMIÈRE ANNÉE ?

« Le plus grand danger, c'est vous-même », commente Marie Masclet de Barbarin, assesseur à la vie étudiante de la faculté de droit d'Aix-Marseille. « Vous avez une sensation de liberté totale, loin du contrôle parental. Mon conseil : allez en cours régulièrement et relisez vos notes le soir. Si vous suivez avec assiduité, ce sera deux fois plus facile de réviser avant les examens. Ce n'est quand même pas polytechnique ! »

Développer la mémoire

En fait, il ne faudrait pas dire le droit, mais les droits. Vous allez apprendre le droit privé, qui régit les rapports entre les particuliers, le droit pénal, qui détermine les infractions et les sanctions, et enfin, le droit public, qui traduit l'action de la puissance publique (droit constitutionnel, européen, etc.). Chaque domaine regroupe de très nombreux textes de lois, soit 127 000 décrets ! Si tout n'est pas à apprendre par cœur, vous devez parfaitement maîtriser les plus essentiels.

INFOS PLUS

Pour en savoir plus sur ce même sujet, lisez aussi la question 5 ▸ p. 32.

Acquérir une manière de réfléchir

Les études de droit exigent une bonne mémoire, mais aussi et surtout une excellente méthodologie. Le droit s'apprend et se comprend. Tout au long de vos études vous allez apprendre à raisonner. Ce schéma, une fois acquis, vous permettra de vous tirer de toutes les situations professionnelles. Car il faut retenir une chose, sur laquelle tous les experts s'accordent : le droit appris à l'école n'est pas celui qui sera appliqué dans le cadre de l'exercice du métier. Les lois évoluent beaucoup trop vite pour cela ! Les études donnent des pistes pour savoir décrypter tous les textes, expliquer le sens d'une loi et comprendre les nouveaux textes de lois qui sortent chaque mois.

S'astreindre à un travail constant

L'apprentissage de la méthodologie est dispensé lors des travaux dirigés. Ces derniers ont lieu chaque semaine et vous devez soigneusement les préparer. Vous devez vous astreindre à lire les ouvrages des professeurs ainsi que les livres d'actualité sur le thème du droit.

« Je n'attendais pas Noël pour réviser mes cours ! », se rappelle Sophie Esmieu, aujourd'hui notaire dans le sud de la France. En général, j'avais cours le matin ou l'après-midi ; je relisais mes notes au cours de la seconde partie de la journée et je préparais les travaux dirigés. En moyenne, cela représentait trois heures de travail par jour. Avant les examens cela pouvait monter à huit heures, voire dix heures par jour. Au moment des révisions, je faisais des fiches que j'apprenais par cœur en lisant à voix haute ainsi que les plans des cours et tout ce que je ne parvenais pas à retenir. Travailler tout au long de l'année permet d'éviter les nuits blanches à la veille des examens. »

ET SI JE ME RETROUVE EN SITUATION D'ÉCHEC ?

Si vous perdez pied, que vous ne parvenez plus à suivre les cours, n'hésitez pas à demander de l'aide à d'autres étudiants. Proposez-leur de travailler en groupe, vous pourrez ainsi vous répartir les recherches qui sont nécessaires à la compréhension des cours et à la préparation des TD. Tournez-vous vers votre parrain, l'étudiant de troisième année qui vous a été affecté dans le cadre du plan licence. Vous pouvez également tirer la sonnette d'alarme auprès du chargé de TD. Enfin, en dernier recours, inscrivez-vous au programme spécial « décrocheurs » proposé par l'université et destiné à analyser vos compétences afin de vous aider à trouver une nouvelle orientation.

Quelles sont les passerelles possibles ?

En cas d'échec en première année, vous pourrez vous tourner vers une autre filière (à l'université) ou reprendre vos études dans un cycle court (DUT ou BTS). Vous y apprendrez une méthodologie de travail et vous serez plus encadré qu'en faculté.

INFOS PLUS

Pour en savoir plus sur ce même sujet, lisez aussi la question **7** ▸ p. 38.

Vous pouvez opter pour le DUT (diplôme universitaire de technologie) carrières juridiques ;

qui se prépare en deux ans. Vous vous retrouverez dans un petit groupe et suivrez des études encadrées. À la fin des deux années, vous aurez le choix entre travailler (par exemple comme assistant juridique dans une entreprise, agent d'assurance, collaborateur de notaire ou gestionnaire de contrats d'assurance), ou tenter à nouveau votre chance à l'université en entrant directement en troisième année de licence.

À retenir

1\ Il est préférable d'avoir décroché un bac généraliste.

2\ L'université demande un travail régulier.

Un autre choix est possible grâce à la création, en 2008, du BTS (brevet technicien supérieur) notariat qui forme également en deux ans les futurs assistants de notaires (secrétaire, assistants formalistes, clercs). Dispensé le plus souvent dans des lycées, il permet ensuite d'accéder à une licence professionnelle (pour devenir juriste rédacteur d'actes simples).

Enfin, il est possible de postuler en école de commerce, en tentant le concours d'entrée sur titre après un bac+2 ou un master (concours Tremplin ou Passerelle). Les grandes écoles augmentent de plus en plus ce type de recrutement.

@ **Pour en savoir plus :** www.letudiant.fr/etudes/ecole-de-commerce/admission-parallele-les-ecoles-de-commerces-accessibles-par-concours-sur-titres-17794.html

3 Comment s'organisent les cours à la fac ?

« J'ai infiniment appris à l'université car c'est un lieu d'échanges intellectuels très riches où l'on apprend à avoir une pensée critique, à réfléchir, à remettre en cause les solutions qui semblent acquises », confie Patrice Spinosi, avocat à la Cour de cassation et au Conseil d'État.

Pas moins d'une soixantaine d'universités de droit sont présentes en France. Pour s'y inscrire, il suffit d'être bachelier. Sachez qu'un baccalauréat général offre plus de facilités que les autres pour suivre les cours. Si le socle requis par le ministère de l'Enseignement supérieur est commun, le contenu des cours et l'ordre d'apparition des matières peuvent varier. Les cours sont généralistes jusqu'en L3, où l'étudiant choisit alors une spécialisation en vue de son master 1 puis 2.

LA LICENCE : LA DÉCOUVERTE DU DROIT

La licence permet à l'étudiant d'approfondir ses acquis de culture générale, de développer une culture juridique et de se familiariser avec une méthodologie : dissertation juridique, commentaire d'arrêt, cas pratique, etc. Durant les trois premières années de sa formation, l'étudiant apprend les mécanismes juridiques fondamentaux, c'est-à-dire les textes, les concepts, et le raisonnement propre au droit. L'étudiant doit savoir analyser et résoudre des problèmes juridiques. Pour cela, il apprend à rechercher des informations ainsi qu'à assurer une veille juridique.

Un large panel de matières

La première année est la période de la découverte de l'économie (sauf pour les bacheliers ES) et des matières juridiques fondamentales : le droit civil et le droit constitutionnel. Le droit civil régit le droit des personnes, comme, par exemple, le mariage, le divorce, le droit des biens, le droit des contrats, le droit de la responsabilité et le droit des successions. Le droit constitutionnel a pour objet l'étude des règles qui organisent le fonctionnement et les rapports entre le chef de l'État, le Gouvernement et le Parlement. À ces cours s'ajoutent des options en sciences politiques, en relations internationales, en histoire contemporaine, en politique et en droit social, mais aussi en finances publiques, en droit européen, en droit fiscal ou en droit judiciaire privé.

Un système de notation par crédits

Le système de notation dans les universités se décline en UE (unités d'enseignements) qui correspondent à un ensemble homogène de matières, affecté de crédits et d'un coefficient. Les crédits sont des éléments capitalisables (*via* les examens) par les étudiants et qui peuvent être transférés dans un autre établissement, voire un autre pays européen. Dans ce cadre, un semestre correspond à 30 crédits.

Il faut aussi savoir qu'il existe trois sortes d'UE : les UE fondamentales, les UE complémentaires et les UE d'ouverture. L'étudiant est reçu à chacune des années d'études s'il a obtenu la moyenne générale à l'ensemble des enseignements. La note résultant de cette moyenne permet de déterminer la mention attribuée. Attention, toutes les universités ne notent pas de la même façon. Ainsi, pour Paris 2, les correspondances sont les suivantes : 10 : passable ; 13 : assez bien ; 15 : bien ; 17 : très bien. Cette notation peut varier d'un point selon les universités.

Deux périodes d'examens par an

La première session d'examen a lieu en janvier-février et porte sur la totalité des matières dont l'enseignement est achevé à la fin du premier semestre. Les autres enseignements font l'objet d'une autre série d'examens, oraux et écrits, qui se déroulent entre mai et juillet. Les enseignements magistraux font l'objet d'épreuves écrites d'une durée de trois heures, notées sur 20. Pour chaque matière, les candidats ont le choix entre deux sujets. Les matières des UE complémentaires sont sanctionnées par une épreuve orale.

Si vous n'avez pas réussi à obtenir la moyenne dans une ou plusieurs matières, vous pourrez tout de même vous inscrire en deuxième année de licence en droit, à condition d'avoir obtenu les UE fondamentales et au moins l'une des deux UE complémentaires.

Les TD comptent pour la notation finale

Les travaux dirigés font l'objet d'un contrôle continu. L'enseignant chargé du TD tient compte dans son évaluation des connaissances de l'étudiant, de son assiduité, de ses aptitudes et des progrès qu'il a accomplis. Les travaux dirigés de langue (obligatoires) donnent lieu chaque semestre à une note sur 10 résultant, à part égale, d'une épreuve écrite et d'un contrôle continu.

De nombreuses possibilités de double cursus

Il existe plusieurs doubles cursus, par exemple celui de la licence histoire de l'art et droit qui conduit au métier de commissaire-priseur, à la profession d'avocat spécialisé en droit de l'art (droit des images, propriétés intellectuelles, etc.) ou encore à certains métiers du patrimoine. Les cursus droit et sciences ou droit et histoire sont très cotés, ils sont considérés comme des voies d'excellence.

INFOS PLUS
Pour en savoir plus sur ce même sujet, lisez aussi la question **21** ▸ p. 119.

Et après la licence?

À l'issue des trois années, les étudiants maîtrisent les lois nationales et européennes, les contrats et conventions, l'environnement juridique international, le rôle social et les responsabilités des individus, des représentants politiques et des entreprises, et les solutions de règlement juridique des conflits (conciliation, médiation, recours gracieux, contentieux, tribunaux). Ils peuvent présenter différents concours de la fonction publique (attaché d'administration, officier de la police nationale ou de la gendarmerie, etc.) ou intégrer une école de commerce *via* le concours Passerelle. Mais la plupart des étudiants poursuivent vers un master qui pourra les conduire aux métiers d'avocat, de magistrat ou de notaire.

INFOS PLUS
Pour en savoir plus sur ce même sujet, lisez aussi la question **8** ▸ p. 43.

LE MASTER : LE TEMPS DE LA SPÉCIALISATION

« En fin de licence, l'étudiant doit avoir une idée de ce qui l'intéresse pour choisir le bon master 1 d'où découlera le choix du master 2 », précise Marie Masclet de Barbarin. « Pour aider mes étudiants, je leur conseille de se poser les bonnes questions sur eux-mêmes : à quoi voulez-vous que votre vie ressemble plus tard ? Voulez-vous être votre propre patron ? Pouvez-vous supporter le stress et des revenus fluctuants ? Pouvez-vous travailler sous tension parfois jusque tard dans la nuit ? Si oui, tournez-vous vers les métiers qui s'exercent dans le cadre d'une profession libérale comme notamment le métier d'avocat. Si vous préférez avoir des horaires réguliers, que vous n'aimez pas trop les changements, et que vous ne pouvez pas concevoir de ne pas connaître à l'avance votre salaire mensuel, préférez l'entreprise, devenez juriste ou engagez-vous dans la fonction publique. »

Master pro ou master recherche : lequel choisir ?

Le master est réservé à ceux qui sont parvenus à se doter d'une licence générale complète (180 ECTS), soit moins de la moitié des entrants en première année ! Une admission après une licence professionnelle est rare et difficile à décrocher. Un master dure quatre semestres, soit deux années.

Le master professionnel, comme son nom l'indique, mène plus rapidement à une insertion dans la vie active. Par exemple, le master professionnel de droit notarial conduit au métier de notaire, d'autres comme le master 2 sécurité et défense ont une finalité de recherche, c'est-à-dire qu'ils sont amenés à être approfondis dans le cadre d'un doctorat.

Continuité entre le M1 et le M2

Comme le master 1, le master 2 se décline en plusieurs spécialités et comprend un stage obligatoire au cours du second semestre. Attention, comme un master se fait en deux ans, il est logique, même si ce n'est pas obligatoire, de choisir un master 1 et un master 2 qui soient cohérents. Normalement, la spécialisation intervient dès la L3, avec une dominante soit en droit public, soit en droit privé. Le passage vers le master 2 n'est pas automatique, il vous faudra motiver votre admission par le biais d'une lettre dans laquelle vous exposerez votre projet professionnel ou présenterez vos recherches. Il est donc d'autant plus important d'avoir réalisé un master 1 dans la même voie que le master 2 auquel vous prétendez.

À retenir

1\ **L'assiduité** aux cours est obligatoire.

2\ **La licence est un temps de découverte,** la spécialisation intervient en master.

3\ **Le choix du master** doit se faire en fonction du métier visé.

Le choix du master peut être stratégique

Selon le découpage du territoire, vous pourrez choisir votre IEJ (institut d'études judiciaires) en fonction du master dans lequel vous serez inscrit, à moins de demander à bénéficier d'une dérogation. L'IEJ est accessible aux titulaires des masters et a vocation à préparer les étudiants qui achèvent leurs études de droit au concours d'entrée à l'ENM (École nationale de la magistrature), à l'ENSP (École nationale supérieure de police) ou à l'examen d'entrée dans un CRFPA (centre régional de formation professionnelle d'avocat), etc. Et suivant les universités de rattachement, les résultats aux concours sont plus ou moins bons.

4 Quelles sont les filières d'excellence à la fac ?

Pour attirer et garder les bons élèves, les facs de droit ont développé depuis quelques années des cursus d'excellence : cours supplémentaires, encadrement de choix, aide individualisée pour préparer les concours... tous les moyens sont bons pour faire réussir les meilleurs.

LES MAGISTÈRES

Le magistère est une formation de haut niveau, pluridisciplinaire et à finalité professionnelle, dispensée sur trois ans. Il est accessible à des étudiants de niveau bac+2, après sélection.

Une sélection rigoureuse

Les promotions comptent en moyenne de 25 à 30 étudiants qui alternent les cours et surtout les stages. Ces derniers sont très spécialisés dans le domaine d'expertise du magistère : droit des affaires, droit et gestion, droit des activités économiques, etc. Il en existe au total une dizaine autour des matières juridiques dans toute la France.

@ **Pour en savoir plus :** www.letudiant.fr/etudes/annuaire-enseignement-superieur/formation/diplome-magisteres.html

---

Le recrutement se fait à la fois sur les notes de première et deuxième années (les mentions jouant un rôle prépondérant) et sur l'analyse de la lettre de motivation et du *curriculum vitae*.

À l'issue de ce premier examen, le candidat est convié à un entretien durant lequel il doit se tenir prêt à répondre sur différentes matières. Par exemple, à Poitiers, les candidats au magistère en droit des techniques de l'information et de la communication doivent présenter un sujet sur un article de presse ou sur un ouvrage portant sur les TIC (technologies de l'information et de la communication), défendre leur analyse (on leur demande d'être synthétiques et critiques) et répondre à des séries de questions de culture générale. Leur niveau d'anglais est également apprécié.

Issus de prépas. Bon nombre des candidats reçus dans les magistères sont issus d'une classe préparatoire. La prépa Cachan, dispensée au lycée militaire Jean-Perrin d'Aix-en-Provence (qui permet de suivre en même temps les cours de première et deux années de licence), permet d'intégrer plus aisément le magistère droit des affaires d'Aix-Marseille 3.

Une voie très appréciée des recruteurs

« Les élèves qui ont fait un magistère de droit des affaires deviennent soit avocats d'affaires, soit juristes. Leur diplôme est reconnu par les grands cabinets d'avocats d'affaires, affirme Marie Masclet de Barbarin, assesseur à la vie étudiante du campus d'Aix-Marseille. Ils sont très bien formés en anglais (de deux à quatre heures de cours par semaine), ils ont fait des stages dans des institutions ou des universités étrangères, et ont une approche plus fine du

INFOS PLUS

Pour en savoir plus sur ce même sujet, lisez aussi la question 13 ▸ p. 69.

monde de l'entreprise grâce aux nombreux professionnels qui dispensent des cours au sein de la formation. »

LES ÉCOLES DE DROIT

Les universités ouvrent désormais des collèges de droit (appelées aussi parfois écoles de droit) au niveau licence ou master, réservés aux meilleurs étudiants : Paris 2 a ouvert son parcours en 2007, la Sorbonne en 2009, et Aix-Marseille en 2010. L'accès est réservé aux étudiants qui ont obtenu une mention très bien au bac (et de très bons résultats en L1 ou L2). En plus des cours de licence (environ six cents heures par an), ces étudiants suivent donc des enseignements complémentaires, sous la forme de séminaires ou de conférences de méthode. Selon les universités, le volume horaire diffère (de trente à quatre-vingts heures par an, parfois plus) tout comme le contenu des cours (certains UFR de droit proposent des cours de langue, d'autres non). Les effectifs sont d'une trentaine d'élèves par classe. Quant au coût, il varie selon les universités : de gratuit à Paris 1 ou Paris 2 à quelque 2 000 € à Lyon 3.

À retenir

1\ **Le magistère** se prépare en trois ans après un bac+2.

2\ **L'école de droit** est un cursus d'excellence qui s'effectue en parallèle du cursus universitaire classique.

Pour en savoir plus : www.letudiant.fr/etudes/fac/colleges-et-ecoles-de-droit-banc-d-essai-14565/les-colleges-et-ecoles-de-droit-mode-d-emploi-15958.html

5 Comment travailler ma mémoire ?

Le droit, par définition, est basé sur des textes. Il faut donc les connaître pour pouvoir ensuite les utiliser dans une plaidoirie ou un réquisitoire, ou encore pour conseiller un dirigeant d'entreprise. « L'apprentissage par cœur n'est pas à négliger, quoi qu'on en dise, surtout la première année. Mine de rien, quand ton temps est limité, se rappeler facilement des textes permet d'aller plus loin. Et certaines notions sont ainsi faites qu'elles doivent être apprises par cœur, un peu comme un théorème en maths », témoigne un jeune juriste sur un blog d'étudiants en droit. Reste à savoir comment procéder.

LA MÉMOIRE, ÇA SE CONSTRUIT !

« J'apprenais en lisant à voix haute », confie Sophie Esmieu, notaire. La lecture à voix haute est en effet une des composantes de la construction de la mémoire. « On a plusieurs mémoires basées sur un cerveau avec 200 milliards de neurones », affirme Alain Lieury, professeur à la faculté de Rennes 2 et auteur de nombreux ouvrages sur le thème de la mémoire. Contrairement aux idées reçues, la mémoire n'est pas seulement « visuelle » ou « auditive ». « La mémoire visuelle dure un quart de seconde, sauf cas rarissime chez certains autistes savants. En fait, il y a aussi la mémoire lexicale, qui se fabrique à partir du son et de la photographie d'un mot, et la mémoire sémantique, qui attribue un sens à ce mot. » Ce n'est qu'une fois un mot appris, que l'on peut en comprendre le sens.

Pour mieux apprendre, il faut comprendre

Dans son dernier ouvrage *Vrais trucs et fausses astuces*, Alain Lieury donne des conseils avérés aux étudiants : « Pour mieux apprendre, il faut comprendre ! Plusieurs méthodes sont possibles : bien faire attention au sens en lisant ; faire un résumé ou traduire avec des synonymes. Il convient de solliciter les deux formes d'apprentissage : l'apprentissage par cœur, qui est le moteur de la mémoire lexicale, et l'apprentissage multi-épisodique, qui est le moteur de la mémoire sémantique. »

Développer une mémoire sémantique

« Pour construire la mémoire sémantique, il faudrait multiplier les épisodes. Prenez la série américaine *Desperate Housewives*, s'amuse Alain Lieury. Vous ne vous souvenez pas avec précision que tel épisode était dans telle saison mais, progressivement, les personnages se construisent et vous pouvez décrire le caractère de Susan ou de Linette de manière abstraite, sans référence à un épisode particulier. Les capacités d'abstraction de votre cerveau ont passé à la moulinette les épisodes pour créer une sémantique des personnages. »

Multiplier les recherches. Appliquée au droit, cette théorie de la multiplication des épisodes reviendrait à dire, qu'en plus de lire les cours, il est nécessaire de lire les ouvrages en rapport avec le cours et de faire des recherches sur Internet. Vous devez rédiger votre propre documentation : « Il faut faire des fiches et ne pas hésiter à écrire plusieurs fois les mots compliqués, développer au maximum des procédés mnémotechniques. » Toutes les techniques sont bonnes à prendre : découper un mot difficile en syllabes permet de mieux le retenir ; un plan construit en trois parties, chacune divisée en trois sous-parties, est plus facile à retenir, etc.

LA MÉMOIRE, ÇA SE PRÉSERVE !

Un étudiant est souvent invité à faire la fête. C'est d'ailleurs un des bons côtés des études. S'amuser permet de faire baisser la pression et de développer les rencontres, mais ces fêtes sont aussi souvent l'occasion de boire et de consommer des drogues.

Drogue et alcool, les ennemis de votre mémoire

Il vaut mieux en prendre conscience jeune, l'alcool et les drogues qu'elles soient « douces » ou « dures » tuent les neurones, ce qui entraîne une dégradation de la mémoire. « La consommation chronique d'alcool entraîne des perturbations neuropsychologiques variables, pouvant aller de troubles modérés et réversibles à plus ou moins long terme chez les patients alcooliques chroniques, à un déficit cognitif permanent », précise Francis Eustache, directeur scientifique de l'INSERM (Institut national de la santé et de la recherche médicale) sur le site Internet de l'institut. Les études menées montrent que des dégradations sont notamment constatées sur la mémoire dite « de travail », qui permet le maintien et le traitement des informations par le cerveau.

Le tabac dupe le cerveau

La nicotine a une structure moléculaire proche de celle de l'acétylcholine, un neurotransmetteur. Lorsqu'elle arrive dans le cerveau, elle agit sur les neurones : elle les stimule, mais elle produit aussi un second effet. « On observe une vasoconstriction des vaisseaux sanguins, explique Alain Lieury. Les vaisseaux se rétrécissent, et du coup le flux sanguin baisse. En quelques années, le débit cérébral baisse de moitié. Or, le travail intellectuel requiert une grande irrigation du cerveau. Ce phénomène est réversible au bout d'un an d'arrêt, sauf chez les grands fumeurs où les vaisseaux sont bouchés. »

À retenir

1\ Pour améliorer la mémorisation, il faut travailler un concept par plusieurs angles d'attaque.

2\ Il faut développer les astuces mnémotechniques.

3\ Les neurones, qui jouent un rôle important dans la mémorisation, sont perturbés par l'alcool, les drogues, la cigarette et le stress.

Le stress, un facteur défavorable

« Le stress efface les neurones de l'hippocampe. Ce dernier est un composant majeur du cerveau grâce à son rôle dans la mémorisation. Dans une étude menée sur des soldats américains pendant la guerre du Vietnam, on a mesuré le volume de l'hippocampe. Au bout de quarante mois de combat, il ne faisait plus que deux millilitres contre douze millilitres à l'origine », commente Alain Lieury avant d'ajouter : « Pour conserver sa mémoire, il faut manger correctement, bien dormir et être raisonnable sur la consommation d'alcool. »

6 Comment choisir ma fac ?

Vaste question ! Certaines facultés de province peuvent paraître bien minuscules à côté des centres universitaires implantés dans les grandes agglomérations. Mais pas de panique ! Le premier cycle est généraliste et les programmes sont identiques partout. Être dans une petite structure peut même vous avantager en favorisant un rapprochement avec les enseignants. Si vous habitez Paris, la palette de choix est forcément plus large. Pour vous y retrouver, fiez-vous aux résultats obtenus à la licence et à la sévérité des notations : plus elles seront sévères, plus le niveau requis sera élevé et gage de qualité. Pour connaître la politique de votre université en la matière, n'hésitez pas à surfer sur les blogs et les forums d'anciens élèves, souvent très riches en témoignages.

QUELLE PLACE POUR LES PROFESSIONNELS ?

La différence entre les facultés se joue surtout au moment du choix du master 1, qui ensuite détermine le master 2. Les grandes universités auront souvent davantage de moyens pour faire venir des professionnels afin d'enrichir le contenu des formations. Ceci est d'autant plus intéressant pour les étudiants que ces intervenants extérieurs profitent généralement des cours pour repérer les meilleurs profils.

Si c'est le métier d'avocat ou de magistrat qui vous motive, renseignez-vous sur les résultats obtenus au sein des IEJ (instituts des études judiciaires) au concours de l'École nationale de la magistrature ou à celui des écoles de formation des barreaux. En la matière, c'est l'université de Paris 2 qui envoie le plus de candidats en raison du nombre d'inscrits. Enfin, sachez que l'AERES (Agence de l'évaluation de la recherche et de l'enseignement supérieur) rend publiques les évaluations menées au sein des universités, ce qui peut être un bon baromètre pour faire votre choix.

INFOS PLUS

Pour en savoir plus sur ce même sujet, lisez aussi les questions **2** ▸ p. 15 et **3** ▸ p. 22.

@ **Pour en savoir plus :** www.aeres-evaluation.fr/

PARIER SUR LES STAGES

Les stages ne sont pas obligatoires, mais ils vont prouver votre capacité d'initiative. Ils vous permettront de savoir si vous êtes vraiment fait pour un métier.
« J'incite les étudiants à venir faire des stages pendant les vacances pour connaître le métier et ses conditions d'exercice », assure un magistrat. Un avis partagé par les notaires : « Réaliser des petits stages d'un ou deux mois fera la différence lorsque l'étudiant cherchera une étude pour faire un stage de longue durée. Il ne sera plus novice et pourra montrer sa connaissance des problématiques », confirme Xavier Russo.

À retenir

1\ **Il est possible de faire un bon parcours** en droit dans une petite fac de province.

2\ **Il est important de parier très tôt** sur l'insertion professionnelle du cursus.

7 Je veux faire des études courtes, que choisir ?

Bien que la plupart des métiers du droit exigent en moyenne quatre à six années d'études dans le domaine, il existe quelques débouchés après un bac+2. Clerc d'huissier ou de notaire, gardien de la paix ou gardien de prison, secrétaire juridique et greffier sont autant de métiers liés au droit, et qui permettent d'entrer assez rapidement dans la vie active.

LE DUT CARRIÈRES JURIDIQUES, UNE VOIE PLUS PROFESSIONNELLE

« Nous connaissons tous nos élèves par leur prénom. Beaucoup de ceux qui s'inscrivent en IUT (institut universitaire technologique) le font pour ne pas être livrés à eux-mêmes comme ils le seraient à l'université. Nous leur proposons une formation très encadrée avec un ratio d'un professeur pour huit étudiants », soutient Stéphane Gounon, chef du département carrières juridiques au sein de l'IUT de Lille 2.

Un enseignement qui repose sur le juridique et la comptabilité

L'enseignement repose sur deux dominantes : mille heures de matières juridiques et deux cents heures de comptabilité. Les matières sont à peu près les mêmes que celles qui sont abordées dans le cursus licence mais elles sont présentées de façon plus concrète, grâce aux enseignants qui sont pour moitié des professionnels. D'ailleurs, vous participerez à des simulations d'entretien d'embauche. Le nombre d'heures est très important (près de trente-cinq heures par semaine), mais en contrepartie vous aurez moins de travail personnel à fournir. Le cursus comprend aussi un stage de dix semaines qui se déroule au cours de la seconde année.

Des débouchés variés

L'étudiant peut choisir de travailler comme collaborateur juridique dans un cabinet d'avocat, gestionnaire de contentieux dans une banque, devenir assistant de gestion dans une entreprise, être collaborateur dans un cabinet de comptabilité, chargé de clientèle dans une agence immobilière ou encore passer un des 143 concours administratif de catégorie B.

@ **Pour en savoir plus :** www.letudiant.fr/fonction-publique/concours/categorie-categorie-b.html

De plus en plus de poursuite d'études

En raison de la crise et de la rareté des postes, les jeunes préfèrent de plus en plus reporter leur entrée dans le monde du travail. Près de 80 % d'entre eux choisissent ainsi de poursuivre leurs études en optant majoritairement pour une licence professionnelle axée sur le droit. Selon leur niveau et les exigences des universités, ils intègrent en L2 ou L3.

Le BTS notariat, une nouvelle formation très encadrée

Le BTS (brevet technicien supérieur) notariat est tout nouveau ! Crée en 2007 à la demande de la Chambre nationale des notaires, il répond à leurs besoins en personnel spécialisés mais aux moindres ambitions salariales. En effet, jusque-là les collaborateurs de notaire, tels que les clercs et les formalistes, devaient être titulaires d'un bac+4 dans le domaine juridique. Après une longue réflexion, les notaires ont convenu que ce niveau d'études n'était pas obligatoire pour effectuer certaines tâches. Aujourd'hui, le BTS notariat est enseigné dans quelques rares lycées publics ainsi qu'au sein des instituts des métiers du notariat (en partie financés par la profession). Les classes à faible effectif (environ 25 élèves) garantissent un excellent suivi. Attention à certaines écoles privées qui proposent ce BTS : renseignez-vous sur les résultats d'obtention du diplôme de la précédente promotion avant de faire votre choix!

Des enseignements axés sur la vie des cabinets

Un tronc commun avec les autres BTS tertiaires comprend des cours de culture générale (enseignement du français), des cours de langues (dont une est obligatoire et la seconde fortement conseillée) et un cours d'économie et de management appliqué au notariat, notamment à travers l'analyse de la convention collective et des conditions du marché immobilier. S'ajoutent à ces matières des cours de droit général (droit de la famille, de l'immobilier, de l'entreprise) et théorique (analyse de décisions de justice, résolution de cas pratiques, analyse de contrats, etc.) ainsi que des sessions d'application des connaissances. « L'avantage de cette formation, ce sont les stages qui permettent à l'étudiant de découvrir le monde professionnel et de se rendre compte rapidement si celui-ci lui convient ou non », relève Pierre Arcuset, enseignant du BTS notariat au lycée public Victor-Hugo, à Marseille.

Des perspectives d'embauche

Le diplôme prend doucement sa place dans les études. Il est désormais moins difficile de trouver un stage en tant que collaborateur technicien. Toutefois les notaires, encore échaudés par la vague de licenciements liés à la dernière crise, n'ont pas réamorcé une vraie reprise des embauches. Cependant, l'emploi devrait redémarrer avec les prochains départs à la retraite.

Des poursuites d'études

Les jeunes diplômés sentent bien ce nouveau frémissement du marché lorsqu'ils effectuent leur stage de douze semaines. Beaucoup d'entre eux décident d'ailleurs de poursuivre en licence professionnelle de notariat : une passerelle leur permet d'intégrer directement en L3. Il leur est ensuite possible de passer le DIMN (diplôme de l'institut des métiers du notariat) et de devenir collaborateur cadre ou de continuer en master et tenter de devenir notaire. En revanche, pour tous ceux qui veulent réintégrer une autre voie juridique, l'entrée se fait en L2 avec des matières à repasser, tel le droit public qui n'est pas abordé dans le cadre du BTS notariat.

INFOS PLUS
Pour en savoir plus sur ce même sujet, lisez aussi les questions **19**▸p. 107 et **20**▸p. 113.

LA LICENCE PROFESSIONNELLE, LE CURSUS SPÉCIALISÉ DE LA FAC

Il ne faut pas l'oublier, l'université forme des étudiants qui peuvent entrer dans la vie active à bac+3. Les effectifs sont réduits de 25 à 30 élèves par classe et les enseignements sont plus concrets. Un bon nombre de licences professionnelles sont axées autour des matières juridiques, à l'image de la licence pro conseil juridique et développement technico-économique de la filière vin et spiritueux qui est délivrée par l'UFR droit et sciences sociales de l'université de Poitiers. Un parcours idéal pour devenir assistant juriste en syndicats viticoles, ou encore assistant zone export en négoce de vins.

À retenir

1\ **Le DUT carrières juridiques** ouvre plus de portes que le BTS notariat.

2\ **Il existe nombre de licences professionnelles** axées sur le domaine du droit.

La licence pro assistant juridique offre, quant à elle, d'excellents débouchés chez les avocats, les huissiers, les notaires ou au sein d'un service de ressources humaines. Il est aussi possible après ce type de licence de se diriger vers l'École nationale de la protection judiciaire de la jeunesse dont les deux années d'études sont rémunérées, afin de devenir éducateur spécialisé, ou vers les écoles de police et de gendarmerie.

8 À quels concours puis-je me présenter après des études de droit ?

Ne vous fiez pas toujours aux conditions officielles d'accès. Même si les concours sont ouverts aux bac+2 ou bac+3, la concurrence est telle que la majorité des reçus sont plutôt diplômés d'un master 1, voire d'un master 2. Mais votre profil de juriste vous donne toutes les chances de réussir les concours présentés ci-dessous.

L'ÉCOLE NATIONALE D'ADMINISTRATION PÉNITENTIAIRE

Située à Agen, elle forme le personnel des prisons, soit plusieurs métiers en rapport avec la garde et la réinsertion des détenus. Le métier de surveillant est accessible à partir du niveau brevet des collèges, mais dans les faits, la plupart de ceux qui se présentent au concours d'entrée sont titulaires d'un baccalauréat. Réussir ce concours très sélectif permet d'intégrer l'école et garantit une place après les huit mois de formation. En effet, l'État détermine le nombre de personnes sélectionnées en fonction de ses besoins. Ce sont plutôt les hommes qui se dirigent vers ce métier (86 % de la dernière promotion), et l'âge moyen des candidats au concours est de 27 ans.

Si vous êtes détenteur d'un bac+3, vous pouvez tenter le concours de surveillant au grade de lieutenant : il s'agit d'un poste d'encadrement des équipes de gardiens de prison. Vous pouvez également envisager le concours de directeur de service pénitentiaire de probation et d'insertion, mais attention, vous serez confronté à de nombreux bac+5 (70 % des admis). Cette voie n'est ouverte qu'aux étudiants en droit ou en sciences politiques.

L'ÉCOLE DES HAUTES ÉTUDES DE SANTÉ PUBLIQUE

L'École des hautes études de santé publique forme les futurs directeurs des hôpitaux et les directeurs des établissements sanitaires et sociaux (cadre A). Au total, une centaine de postes sont proposés chaque année. Ouverte aux étudiants licenciés (dans les faits, plutôt titulaires d'un master 2), la formation de vingt-sept mois est accessible sur concours et se déroule à Rennes. Pour se préparer au mieux au concours, certains étudiants consacrent une année à suivre la préparation dispensée au sein d'un CPAG (centre de préparation à l'administration générale) ou par le CNED (Centre national d'enseignement à distance).

L'ÉCOLE NATIONALE DE L'APPLICATION DES CADRES TERRITORIAUX

L'ENACT (École nationale de l'application des cadres territoriaux) forme à la fonction d'attaché territorial. Pour y entrer, il faut passer un concours et choisir une spécialité : administration générale, analyste, urbanisme, animation, gestion du secteur sanitaire et social. Ce concours est ouvert aux bac+3 mais, là encore, les diplômés de master sont nombreux à s'y présenter. Près de 30 000 personnes tentent leur chance chaque année et seulement moins de 3 000 d'entre elles sont admises. Une fois le concours obtenu, le candidat doit postuler pour les emplois affichés vacants. Une fois engagé, il est nommé stagiaire et suit une formation à l'ENACT.

À retenir

1\ Il existe de nombreux débouchés dans la fonction publique, à condition de passer un concours.

2\ Le niveau des concours s'est élevé en raison de l'arrivée d'étudiants plus diplômés.

L'ÉCOLE NATIONALE DES DOUANES

Le ticket d'entrée pour intégrer l'École nationale des douanes et devenir inspecteur est la licence. En outre, il faut réussir le concours de catégorie A de la fonction publique d'État. La formation dure dix-huit mois : un an à l'École nationale des douanes, à Tourcoing, et six mois de stage pratique. Dès l'entrée à l'école, vous héritez du titre d'inspecteur stagiaire.

L'ÉCOLE DES OFFICIERS DE LA GENDARMERIE

La gendarmerie offre 10 000 postes en 2011, dont 7 000 postes de gendarmes adjoints volontaires et 2 500 postes de sous-officiers. Toutefois, peu d'entre eux sont ouverts aux étudiants : cette année, seulement 50 places sont destinées aux titulaires d'un bac+3 (concours de sous-officier) et 35 pour le concours d'officier, ouvert aux masters.

9 Sciences po Paris, une alternative à l'université ?

Exception parmi l'ensemble des IEP (institut d'études politiques), Sciences po Paris a créé une école de droit en septembre 2009. Si l'institut parisien accueille majoritairement des élèves issus de son premier cycle, il intègre aussi quelques étudiants diplômés de l'université. Tous n'ont pas forcément fait de droit au préalable. « Nous avons des étudiants en provenance d'une licence de droit mais aussi quelques-uns qui ont réalisé un premier cycle en mathématiques, en littérature, en histoire ou encore en sciences. D'autres viennent d'école d'ingénieurs ou de classes préparatoires », précise Édith Chabre, directrice exécutive de l'école de droit.

DES PARCOURS EN DEUX ANS

Cette ouverture a créé une polémique dans le milieu de l'enseignement. L'université a réagi vivement en s'interrogeant sur la capacité de l'institution à former des juristes en seulement deux ans. Pourtant 40 % des élèves deviennent avocats et 50 % réussissent le concours d'entrée à l'École nationale de la magistrature. « La durée d'enseignement est plus courte, nous avons moins le temps d'approfondir les matières qu'à l'université, mais nous sommes ici davantage dans l'apprentissage des méthodes de raisonnements du droit », commente Patrice Spinosi, avocat à la cour de cassation, au conseil d'État, et enseignant.

Deux cursus possibles. D'un côté, il y a le master de droit économique, qui forme les étudiants à devenir avocats d'affaires ou juristes en entreprises à dimension internationale (130 étudiants par promotion en moyenne) ; de l'autre, on trouve le master carrières judiciaires et juridiques, dont les effectifs sont nettement moins importants (35 étudiants par promotion en moyenne), qui forme les élèves se destinant à la magistrature (une quinzaine chaque année) ou à la carrière d'avocat.

UN RECRUTEMENT SÉLECTIF

Que le candidat soit issu de l'université ou du premier cycle de Sciences po, il doit se soumettre à un examen d'entrée : « L'école recrute des étudiants brillants et motivés. Ils sont réellement là pour apprendre et présentent une grande capacité de travail », résume Patrice Spinosi. La sélection est également financière, le coût moyen d'une année se montant à 5 500 €. Quelques places sont réservées aux boursiers. Le niveau en langue est élevé : la plupart des étudiants maîtrisent deux ou trois langues étrangères.

DES COURS TRÈS CONCENTRÉS

Comme tous les étudiants n'ont pas de base juridique, les cours de droit sont majoritaires. Après une première année d'apprentissage des fondamentaux, il est possible de se spécialiser dans l'un des six domaines suivants (quel que soit le master) : droit et globalisation économique ; *global business law et governance* (programme commun avec l'université américaine de Columbia) ; droit des marchés et de la régulation ; droit économique européen ; contentieux et arbitrage et propriété intellectuelle. Il est possible de suivre en même temps des cours spécifiques pour préparer le concours d'entrée à l'École des avocats.

MULTIPLICATION DES STAGES

L'année est séparée en deux périodes de six mois : la première est consacrée à un stage, la seconde à la préparation du concours d'entrée à l'examen du barreau ou à celui de l'École nationale de la magistrature. Entre les deux années d'enseignement, il est possible d'intercaler ou non une année de stage en cabinet d'avocat et/ou en entreprise. Par ailleurs, le départ à l'étranger est considéré comme un vrai « plus » pour l'apprentissage de la langue, pour ensuite envisager une carrière internationale.

LES CONSEILS DE LA PROFESSION

« Sciences po offre une culture générale plus diversifiée que l'université, culture qui va beaucoup servir dans la vie active. Elle donne une dimension humaine qui sera utile dans les relations avec les clients », commente William Feugère, président des avocats conseils d'entreprise. Bon nombre de candidats qui échouent à l'examen d'entrée à l'école d'avocat se dirigent vers les métiers d'huissiers et de notaires.

À retenir

1\ **Il est possible d'être recruté** dans le cursus de Sciences po Paris, même sans avoir fait de droit en premier cycle.

2\ **Deux types de master sont proposés** : le master de droit économique et le master carrières judiciaires et juridiques.

10 Comment devenir avocat ?

Vous rêvez d'être Ellen Parsons, la brillante avocate new-yorkaise de la série *Damages* ? C'est vrai que le métier d'avocat fait rêver. Son rôle garantit le respect des droits de chacun, donc de la démocratie. C'est un métier de passion, destiné à des hommes et des femmes qui ont envie de se battre. Mais pour accéder au titre d'avocat, il faut avoir les pieds sur terre. Suivre des études difficiles et pousser des coudes pour faire sa place. Aujourd'hui, le diplôme n'est plus le garant d'une vie professionnelle.

L'IEJ, UN PASSAGE OBLIGÉ

Après avoir validé un master 1 de droit, où en même temps que celui-ci, vous devez vous inscrire – c'est obligatoire – dans l'IEJ (institut d'études judiciaires) qui dépend de votre faculté, à moins de demander (et d'obtenir) une dérogation. Comme pour une année universitaire classique, il n'y a pas de sélection à l'entrée et les cours ne sont pas obligatoires.

Le parcours comprend en moyenne treize heures de cours par semaine et de trois à cinq heures de préparation écrite. Cette dernière est surnommée « le galop d'essai » et vous permet de vous exercer à l'examen d'entrée à l'un des CRFPA (centres régionaux de formation à la profession d'avocat). Cet entraînement a généralement lieu le samedi matin et s'achève en juin. L'examen est programmé trois mois plus tard, en septembre.

Le CRFPA, un concours ardu

« L'examen d'entrée au CRFPA a toujours été un concours difficile par le volume de travail exigé. En effet, le nombre d'épreuves est très important : il est presque égal au nombre de matières étudiées en master 1. Résultat, on dénombre beaucoup de candidats et peu de places ! », assure Pierre Crocq, directeur de l'IEJ Panthéon-Assas. Retenez également que vous ne pouvez vous présenter qu'à trois reprises et qu'à chaque fois vous êtes tenu de vous réinscrire à l'IEJ et de payer les frais de scolarité (de 300 € à 600 €). Comme ces frais sont moins élevés si l'étudiant suit un cursus en M2, beaucoup font le choix de poursuivre leur cursus avant de se représenter. Ce qui contribue à l'élévation du niveau d'entrée. Une fois le concours obtenu, vous devez vous inscrire dans le CRFPA qui dépend de votre IEJ.

Des épreuves écrites éliminatoires. Les épreuves écrites portent sur une note de synthèse de cinq heures, une épreuve de raisonnement juridique de cinq heures, une épreuve écrite de caractère pratique de trois heures (qui porte sur une des 11 matières étudiées). Si vous obtenez plus de 10 sur 20, vous êtes invité à vous présenter aux épreuves orales. Celles-ci comprennent cinq oraux : un exposé de quinze minutes sur les libertés publiques, suivi d'une discussion de même durée ; viennent ensuite un oral en option portant sur l'une des 10 matières non choisies à l'écrit, un oral de procédures, une épreuve de comptabilité privée ou de finances publiques et un oral de langue vivante étrangère.

Des IEJ plus ou moins performants. Vous dépendez du lieu ou vous effectuez votre master, c'est pourquoi il est important de le choisir en ayant toutes les cartes en main. En moyenne, le taux de réussite avoisine les 40 % : environ 7000 étudiants s'inscrivent chaque année en IEJ, et 3000 sont reçus à l'examen. À l'IEJ de Paris 2-Panthéon-Assas, le taux de réussite au concours tourne autour de 45 %. « La qualité de la préparation au concours dépend des IEJ. Tous ne dispensent pas le même nombre d'heure de formation. Nous n'avons pas tous les mêmes moyens. Si vous entrez dans un petit institut, les moyens seront limités. Il faut se référer à l'emploi du temps pour choisir, regarder le volume horaire et le nombre d'intervenants, notamment extérieurs », conseille Pierre Crocq. Par ailleurs, il faut savoir que les sujets des épreuves ne sont pas communs à tous les IEJ.

INFOS PLUS

Pour en savoir plus sur ce même sujet, lisez aussi les questions **3** ▸ p. 22 et **5** ▸ p. 32.

UN PARCOURS AU CRFPA

Une fois entrés à l'école, les élèves parviennent sans mal au bout de leur cursus et décrochent le CAPA (certificat d'aptitude à la profession d'avocat). Le taux de réussite au CAPA tourne autour des 99 %, et est quasi constant d'une année sur l'autre. L'examen comprend sept épreuves dont deux soutenances de rapport de stage et une note de contrôle continu. L'assiduité aux cours est prise en compte dans la note finale.

La scolarité qui s'élève à près de 1 500 € est divisée en trois parties de six mois : présence à l'école (soit 450 heures), stage en cabinet d'avocat et réalisation d'un PPI (projet pédagogique individuel). Le PPI est un stage réalisé dans un cadre différent de celui d'un cabinet d'avocat : il permet de découvrir d'autres milieux professionnels. Il peut être réalisé dans une association, une entreprise, une collectivité territoriale ou encore chez un professionnel du droit (autre qu'avocat). Mais vous pouvez également décider de profiter de ce temps accordé pour suivre un master 2 professionnel (avec l'accord du CRFPA) dans une formation complémentaire. Durant tout leur cursus, les élèves apprennent à rédiger les assignations, les conclusions et à mener une plaidoirie. Ils sont également formés aux techniques de management du personnel.

@ **Pour en savoir plus :** www.efb-paris.avocat.fr

UNE FONCTION ASSERMENTÉE

Une fois le CAPA décroché, le futur avocat prête serment au cours d'une cérémonie pour laquelle il revêt sa robe noire! Il s'engage alors à respecter les principes essentiels de la profession. Le règlement de la profession rappelle que : « La méconnaissance d'un seul de ces principes, règles et devoir, constitue (...) une faute pouvant entraîner une sanction disciplinaire. »

La dernière étape consiste à s'inscrire à un barreau. Les avocats proches de la retraite cherchent dès à présent à recruter leurs

À retenir

1\ Le plus difficile est d'entrer à l'école du barreau, ensuite la voie jusqu'à devenir avocat est toute tracée.

2\ L'avocat doit prêter serment avant d'exercer.

successeurs. Les études, le choix des spécialisations et les lieux de stages vont jouer un rôle de plus en plus important dans le processus de sélection. La démarche d'emploi se conçoit dès les bancs de l'école, puis par le choix du barreau.

11 Quel est le quotidien d'un avocat ?

Seul, associé en cabinet, spécialisé dans le droit de la famille ou en droit pénal, pour ne citer que ces configurations, vous n'imaginez pas à quel point le métier revêt de facettes. En France, près de 52 000 personnes exercent cette profession qui consiste à défendre et conseiller. Paris concentre plus de 60 % des effectifs. L'âge moyen d'entrée dans la première affiliation est de 32 ans pour les hommes et de 29 ans pour les femmes.

UNE PROFESSION EXIGEANTE...

L'observatoire du Conseil national des barreaux fait état, en 2010, d'une augmentation des effectifs (30 % d'élèves en écoles d'avocats de plus entre 2000 et 2010) alors que le flux des affaires judiciaires est en baisse, sauf en droit pénal. Est-ce donc une hérésie de s'engager dans cette voie ? Non, le métier est encore accessible. Mais il requiert de votre part d'engager une réflexion stratégique dès les études avec le choix du master. Le droit fiscal, le droit économique et le droit des sociétés sont des spécialisations qui s'avéreront plus payantes d'un point de vue professionnel.

... surtout pour les femmes

Les femmes sont de plus en plus nombreuses dans la profession : aujourd'hui un avocat sur deux est de sexe féminin. Toutefois, les statistiques du CNB (Conseil national des barreaux) révèlent qu'« une femme sur quatre quitte la profession dans les neuf premières années d'exercice. Au-delà de dix ans d'exercice, 30 % des femmes et 22 % des hommes ont quitté la profession. »

Pourquoi cette désaffection ? Estelle Fournier, membre du CNB et avocate avance une explication : « Les femmes entrent dans la profession entre 27 et 29 ans. Quelque temps après, elles souhaitent fonder une famille et avoir des enfants. Or, les avocats voient d'un mauvais œil le temps du congé maternité, et bien des collaboratrices ressentent une pression très forte. Elles font souvent l'objet d'un licenciement. Les avocates se battent pour la protection des femmes durant la grossesse, mais leur action se prolonge rarement au-delà. C'est contradictoire. » Les avocates semblent les plus mal défendues bien que la profession ait augmenté le congé maternel de quatorze à seize semaines en février dernier. Le congé paternel est quant à lui inexistant.

@ **Pour en savoir plus :** www.cnb.avocat.fr/

Trouver le bon barreau

Les débuts sont souvent difficiles d'un point de vue financier. Il ne suffit pas en effet d'apposer sa plaque sur la porte de son bureau à Paris pour faire venir la clientèle. De même, l'étudiant ne peut plus se permettre d'entrer dans le barreau le plus proche de son domicile pour des raisons pratiques. Aujourd'hui il doit chercher, faire sa place. Le nombre croissant de jeunes avocats et la crise économique ont changé la donne. Selon le secteur géographique dans lequel vous souhaitez vous établir, vous rencontrez plus ou moins de difficultés pour gagner votre vie.

Les grandes villes sont saturées en robes noires ainsi que la région Provence-Alpes-Côte-d'Azur alors que les zones rurales et les villes de petites et moyennes tailles sont en manque de représentants de la profession. Vive Mâcon et Alès ! « Si l'étudiant veut intégrer un grand cabinet, il doit viser les grands barreaux, s'il vise plutôt un cabinet individuel il doit rechercher les barreaux de taille plus modeste », recommande Estelle Fournier, membre de la commission formation du Conseil national des barreaux.

DES DÉBOUCHÉS À VENIR

« Les grands cabinets d'avocats anglo-saxons ont fortement souffert de la crise. Certains clients sont partis pour des cabinets de moindre importance, moins chers et plus flexibles », observe le Village de la justice, le premier site de la communauté professionnelle juridique qui recense les offres d'emplois du secteur. Il a vu leur nombre décoller avec près de 1 000 annonces mensuelles en début d'année.

Par ailleurs, le ministère du Travail, dans son étude prospective intitulée « Les métiers en 2015 », fait part de la montée en puissance des besoins en cadre conseils dans le juridique. Et ce en raison de la tertiarisation de l'économie. Autre raison de se réjouir, les baby-boomers partiront bientôt à la retraite :

12 000 départs sont annoncés d'ici vingt ans, soit 80 % des postes. Cette vague est déjà fortement amorcée par la possibilité de cumuler emploi et retraite. L'âge moyen de départ à la retraite a chuté de 70 ans en 1981 à 65,8 ans en 2009. En revanche, à l'avenir, les jeunes avocats vont devoir faire face à la concurrence de professionnels expérimentés en la personne des avoués. En effet, les 444 avoués qui représentaient les parties auprès des cours d'appel vont être amenés à disparaître courant 2011 (suite à la loi du 21 décembre 2010 et la réforme de la procédure d'appel) et donc à postuler sur des postes d'avocats.

@ **Pour en savoir plus :** www.village-justice.com/ ; www.strategie.gouv.fr/article.php3?id_article=393

UN QUOTIDIEN INTENSE

Le quotidien dépend évidemment de la taille et de la fonction d'un avocat. Mais globalement, un avocat travaille beaucoup, en moyenne douze heures par jour.

Dans un cabinet individuel…

« Je ne calcule pas mes heures avoue Estelle Fournier, avocate à Fontenay-aux-Roses (92), mais j'arrive en général vers 9 heures pour repartir vers 19 h 30. Je reprends souvent les dossiers le soir, après m'être occupée de ma famille. Le dimanche cela m'arrive de revenir au cabinet pour rédiger des conclusions. Il n'y a pas de bruit : le téléphone ne sonne pas, c'est plus zen. Je trouve cela exaltant d'être à mon compte, de gérer mon emploi du temps comme je l'entends, de faire des choses différentes. En quinze ans, je ne me suis jamais ennuyée. »

... comme dans un grand

Patrice Spinosi, quant à lui, est avocat au conseil d'État et à la Cour de cassation. C'est notamment lui qui a réussi à faire évoluer la garde à vue en faisant imposer la présence des avocats. Il a fondé son cabinet à Paris et travaille avec une dizaine de collaborateurs : « Ma journée débute à 8 h 30 par du travail administratif. Je consulte mes messages puis je travaille avec mes collaborateurs sur les dossiers afin de convenir des argumentations qui doivent être développées. Ensuite, je gère les contacts avec les clients : les rendez-vous au cabinet ou par téléphone. Je plaide assez rarement, ce qui ne m'empêche pas d'aller écouter les conclusions du rapporteur public au Conseil d'État. Je reviens ensuite à mon cabinet pour continuer d'étudier les dossiers, je rédige des articles et je lis les différentes revues juridiques afin de me tenir au courant des nouvelles lois. La journée file à une vitesse ahurissante. »

UN MÉTIER QUI NÉCESSITE DE GRANDES QUALITÉS

Outre l'étude de ses dossiers, de ses rendez-vous et de ses plaidoiries, l'avocat doit aussi se tenir quotidiennement informé des nouveaux textes législatifs. Cela passe par la lecture de revues juridiques, par une veille sur Internet, etc. Il faut toujours avoir l'esprit en alerte.

Être malin et combatif

« Il faut avoir envie d'un engagement, de prendre à bras-le-corps des problématiques qui ne sont pas les siennes. Il faut être prêt à se battre pour trouver des solutions. Les gens s'attendent à ce que vous soyez combatif pour eux. Il faut chercher, retourner les pierres. Ne pas rester face au mur, mais trouver comment le contourner ou sauter par-dessus », résume Patrice Spinosi.

Être tenace et solide

L'avocat doit avoir les reins solides pour supporter la pression exercée par son client et par l'urgence de la situation, comme en témoigne Patrice Spinosi : « Le métier d'avocat est extraordinairement accaparant. L'avocat au contentieux, qui assure la défense de personnes et de sociétés, est constamment dans une démarche où il fait passer l'autre avant lui-même. Il devient la voix de son client, et de fait, se charge d'une partie de son inquiétude, de ses fardeaux. Il est face à des situations parfois dramatiques et doit trouver des solutions. Il peut s'oublier, c'est un danger. L'avocat doit trouver un juste milieu entre sa vie privée et sa vie professionnelle. Par ailleurs, la pression est assez forte… L'espérance de vie d'un avocat est de sept ans inférieure à la moyenne nationale ! Le métier est exaltant mais il consume. »

DES SALAIRES DISPARATES

Les 10 % des avocats qui gagnent très bien leur vie sont dans le monde des affaires ou de la propriété intellectuelle.

À retenir

1\ Le métier est très différent selon la spécialisation et l'implantation géographique.

2\ Le départ à la retraite des baby-boomers va ouvrir de nouvelles perspectives d'embauche.

3\ Le début de carrière est financièrement souvent difficile.

Avec 49 000 € net par an en moyenne, les avocats spécialisés dans le droit pénal et le droit de la famille sont les plus mal rétribués. En début de carrière, leur rémunération mensuelle varie entre 1 400 € et 2 500 €.

Pour les avocats, on ne parle pas de salaires mais de rétrocession d'honoraires. En terme fiscal, il s'agit de BNC (bénéfices non commerciaux) auxquels il faut soustraire les charges (URSSAF, Sécurité sociale, retraite, ordre des avocats, etc.). Comme l'avocat est un travailleur indépendant il n'a pas d'assurance chômage, il lui faut donc penser à épargner en prévision d'un mauvais passage ou de maladie.

12 Comment devenir avocat d'affaires ?

Les avocats d'affaires jouent un rôle de conseil auprès de sociétés. Ils travaillent en général dans un cabinet français ou anglo-saxon plutôt qu'au sein d'une entreprise. Ils ne représentent que 20 % des effectifs de la profession, mais réalisent 80 % du chiffre d'affaires total. Mais pour gagner aussi bien sa vie, il faut réaliser de brillantes études et posséder une grande capacité de travail. C'est un métier passionnant mais chronophage, avec des journées qui s'achèvent souvent tard dans la nuit.

TROIS TYPES DE CABINET, TROIS MÉTIERS DIFFÉRENTS

En fonction de la taille du cabinet et de son territoire d'intervention (plus ou moins étendu), le métier d'avocat d'affaires diffère dans le quotidien et en termes d'évolution de carrière.

Les « big »

Les « big » sont Landwell, Taj, Ernst&Young société d'avocats et Sarrau Thomas Couderc. Il s'agit des filières juridiques des quatre grands cabinets d'audit, eux-mêmes appelés les « big » : Price Waterhouse, Deloitte, Ernst&Young et KPMG. Leurs effectifs se trouvent essentiellement à Paris et travaillent pour la société d'audit à laquelle ils sont associés. Si vous envisagez une carrière très encadrée dans le conseil en fiscalité internationale ou dans l'identification des risques et que vous souhaitez être salarié, optez pour ce type de cabinet. L'ambiance de travail y est plus détendue que dans les cabinets internationaux et les horaires moins chargés. Ces sociétés proposent régulièrement des missions de six à dix-huit mois à l'étranger.

Les cabinets internationaux

Vous préférez rester indépendant tout en envisageant une carrière internationale ? Vous êtes prêt à faire de longues journées, à travailler avec des objectifs de temps par dossier ? Regardez du côté des cabinets d'affaires internationaux. La plupart sont anglo-saxons tels Clifford Chance, mais certains, tels Gide Loyrette Nouel, De Pardieu Broca Maffei ou Lefevre Pelletier et associés, qui s'occupent beaucoup de contentieux, sont français. Leurs équipes sont constituées d'au moins une cinquantaine d'avocats regroupés en pôle de compétence qui traitent régulièrement des affaires à l'étranger.

INFOS PLUS

Pour en savoir plus sur ce même sujet, lisez aussi la question **25**▸ p. 146.

Les cabinets français

Enfin, les cabinets français se partagent entre conseil et contentieux. Ils offrent plus de latitude au débutant. Le travail sera forcément différent selon le type de cabinet : plus généraliste dans les petits, plus pointu dans un grand ; à moins que vous ne vouliez entrer dans un cabinet spécialisé, dans le développement durable, par exemple. C'est une voie d'avenir, mais les offres sont encore peu nombreuses.

QUELS SONT LES PROFILS LES PLUS RECHERCHÉS ?

Les besoins en matière de recrutement se concentrent sur la fiscalité (60 % du chiffre d'affaires), le *corporate* (droit des sociétés) et le droit du travail. D'autres domaines sont en pleine émergence comme la propriété intellectuelle, le droit bancaire et boursier, l'immobilier et le droit public. Les effectifs en droit social sont moins importants, mais la spécialisation dans le droit des retraites est fortement appréciée. Stéphane Baller, avocat associé chez Ernst&Young veille à l'excellence du recrutement : « Nous prenons en majorité des étudiants avec un double cursus fac de droit-école de commerce, si possible réalisé simultanément. Ceux qui sont diplômés de la seule université doivent prouver leurs qualités, avoir un excellent niveau en langue et savoir comment se présenter à un employeur, que ce soit physiquement ou par le biais du CV. Il existe certaines filières d'excellence au sein des universités, comme le master 2 professionnel opérations et fiscalité internationales des sociétés, proposé par Paris 1-Panthéon-Sorbonne. »

Une personnalité avant tout...

Les demandes de recrutement arrivent en masse sur les bureaux des ressources humaines, et seuls les meilleurs candidats retiennent l'attention. Bredin Prat, l'un des cabinets les plus prestigieux sur la place parisienne recrute une quinzaine de personnes par an, triées sur le volet. « Nous recherchons des profils exceptionnels, explique l'associé Olivier Saba. Par exemple des candidats qui auraient suivi en entier un double cursus droit-grande école de premier rang ou des étudiants ayant obtenu une mention bien en master ou des mentions chaque année durant leur cursus juridique. Nous valorisons également les activités extrascolaires sortant du commun, dans les domaines sportifs ou artistiques, par exemple. »

... mais très diplômée

Les diplômés d'une école de commerce de premier rang (comme HEC, ESSEC, ESCP-Europe, EDHEC, EM Lyon, ESC Grenoble, Audencia Nantes ou encore Euromed) ou d'un troisième cycle Sciences po (école reconnue pour ses méthodes de travail et de raisonnement) après un master sont des profils très recherchés. Mais les employeurs ne veulent pas non plus se couper d'un vivier d'étudiants universitaires brillants : un cursus en fac jalonné de mentions vous ouvrira aussi des portes. Si vous hésitez entre plusieurs masters, sachez que la demande de spécialistes en contentieux ou en fusion acquisition se stabilise, alors qu'elle croît pour le conseil et le droit des règlements amiables, le droit public, le droit de l'environnement et le droit social.

Seuls les étudiants parisiens ont vraiment le choix. Si vous habitez en région parisienne, optez pour les universités les plus réputées pour la qualité de leur enseignement en droit, comme Paris 2-Panthéon-Assas. Plus tard, vous pourrez plus facilement intégrer l'École du barreau de Paris qui est, elle aussi, très cotée chez les recruteurs. Il faut toutefois relativiser : « Si vous n'avez pas étudié dans la faculté réputée comme la plus prestigieuse, vous pouvez heureusement très bien vous en sortir et faire une belle carrière. Ce qui compte, c'est la passion pour son métier et une formation continue assidue », assure William Feugère, président de l'Association des avocats conseils d'entreprises. Il poursuit avec un conseil : « Si vous ratez l'examen d'entrée à l'École du barreau, ne continuez pas dans un doctorat, refaites plutôt un master professionnel complémentaire, cela contribuera davantage à enrichir votre CV. Ce que veulent les cabinets, ce sont des praticiens, plus que des théoriciens du droit. »

INFOS PLUS

Pour en savoir plus sur ce même sujet, lisez aussi les questions 4 ▸ p. 29 et 6 ▸ p. 36.

Miser sur les stages

L'étudiant doit toujours penser à élargir son monde : « Dans les grands cabinets d'affaires, seront pris en priorité ceux qui ont un profil diversifié, avec de bons résultats, d'excellents stages et une maîtrise parfaite d'une ou plusieurs langues étrangères. Les candidats pour les stages sont sélectionnés avec presque autant de rigueur que pour l'embauche d'un collaborateur. C'est la première source de recrutement. Les stagiaires peuvent d'ailleurs percevoir une rémunération intéressante », précise William Feugère. La qualité des stages antérieurs peut jouer un rôle important dans l'analyse du recruteur, que ce soit sur la valeur du cabinet ou sur la compétence développée. Ce qui importe, c'est de prouver que vous avez acquis une ou deux techniques à chaque stage.

Une formation en poste. De toute façon, même avec les meilleurs diplômes, les plus grands cabinets considèrent que les jeunes recrues sont en formation durant les trois premières années. Le cabinet Taj, qui travaille avec le cabinet d'audit Deloitte assure même que l'essentiel de la formation est acquis une fois en poste.

Avoir un solide niveau en langue étrangère

Maîtriser une langue étrangère est un prérequis. D'ailleurs les cabinets prévoient au moins un entretien en anglais lors du processus de sélection. Une troisième langue est la bienvenue : l'allemand est recherché, de même que l'espagnol et l'italien. En revanche, la connaissance d'une langue asiatique n'est pas une clef magique pour une embauche, à moins de maîtriser également la culture du pays. En 2012, Ernst&Young embauchera 83 avocats et 53 stagiaires, et tous devront avoir un excellent niveau d'anglais car ils seront amenés à travailler à l'international.

INFOS PLUS

Pour en savoir plus sur ce même sujet, lisez aussi la question **25** ▸ p. 146.

LE QUOTIDIEN D'UN AVOCAT D'AFFAIRES

Contrairement à l'avocat classique, l'avocat d'affaires ne plaide quasiment jamais. Il est dans un rôle de conseil stratégique auprès des entreprises. Il conçoit des stratégies fiscales nationales et internationales, des solutions pour les fusions et acquisitions, accompagne le contentieux afin de répondre aux demandes des entreprises en termes d'amélioration de la rentabilité et de la sécurité. Au bout de sept à dix ans, selon les cabinets, il peut envisager de devenir associé sous réserve de l'assentiment de ses pairs, puis directeur associé, cinq à dix ans plus tard.

Un esprit créatif et d'analyse

« L'avocat d'affaires doit faire preuve de capacités d'analyse, de rigueur et d'une grande solidité intellectuelle et mentale. Il doit aussi être doté d'un excellent relationnel. Il est fondamental que la personne sache travailler en équipe, qu'elle se comporte de manière rigoureuse et respectueuse à l'égard de l'autre et des règles de notre société. La période de stage est pour nous un moment privilégié pour observer nos futurs collaborateurs », souligne Christiane Terrier, directrice des ressources humaines chez Fidal. Ajoutez à cela qu'il faut avoir une très grande capacité de travail, pouvoir travailler jusqu'à quinze heures d'affilée tout en gardant les idées claires. « Un collaborateur doit savoir bien raisonner en droit afin de pouvoir creuser les dossiers, maîtriser l'écriture pour expliquer son raisonnement et être créatif afin de développer des approches novatrices », résume Olivier Saba, associé chez Bredin Prat.

Une activité très rémunératrice

Il n'y a pas de commune mesure entre la rémunération d'un avocat au sens classique, au pénal, qui règle des problèmes de la vie quotidienne, et celle d'un avocat d'affaires. Selon l'étude de rémunération Michael Page 2008-2009, un avocat d'affaires avec moins de deux ans d'expérience est rémunéré de 50000 € à 120000 € par an dans un cabinet d'origine américaine. Dans les cabinets anglais, le salaire annuel à l'entrée varie de 60000 € à 78000 €. Pour ces deux cabinets, au bout de six ans le

INFOS PLUS

Pour en savoir plus sur ce même sujet, lisez aussi la question 13 ▸ p. 69.

salaire annuel moyen est compris entre 120 000 € et 200 000 €. À Paris, les cabinets français proposent un salaire d'embauche bien en dessous : 45 000 € par an en moyenne. Après six ans d'ancienneté, le salaire annuel s'établit entre 55 000 € et 115 000 €, selon les cas. En province, s'il est sans expérience, le professionnel perçoit entre 24 000 € et 45 000 € par an.

À retenir

1\ Posséder une excellente maîtrise du droit des affaires passe par un double cursus université-école de commerce.

2\ Il faut avoir un très bon niveau d'anglais.

3\ Il est indispensable de développer une grande capacité de travail.

13 Comment décrocher un poste d'avocat d'affaires ou de juriste ?

Une fois le diplôme obtenu, reste à savoir comment trouver un job. Ouverture d'esprit, mobilité, simplicité : un retour aux fondamentaux s'impose. Débarrassez-vous des idées reçues et tracez votre propre chemin. Ainsi sorti du lot, en prouvant votre créativité, vous intéresserez davantage les directeurs de ressources humaines fatigués des prestations aussi fades que caricaturales de bon nombre de candidats.

NE PAS SE LIMITER AUX GRANDS NOMS

« Les juniors ont tendance à ne viser que les entreprises du CAC 40 pour envoyer leur CV. Or ils ont tout intérêt à sortir des sentiers battus et viser les entreprises dynamiques de plus petite envergure : les PME sont en plein développement à l'international », clame Christian Lamy, associé dans le cabinet de juriste Juristpartner. Malgré tout, l'étude de l'Association française des juristes d'entreprise souligne le dynamisme des grands cabinets : « Les entreprises d'envergure internationale ont tendance à avoir davantage recours à des juristes, et ceci est d'autant plus vrai que le chiffre d'affaires réalisé est élevé. » Ces remarques s'appliquent aussi au monde des cabinets d'avocats d'affaires. Les plus grands recrutent aisément car ils reçoivent un nombre de candidatures plus élevé. Il n'empêche, le travail effectué dans de petites structures peut être tout à fait intéressant.

@ **Pour en savoir plus :** www.afje.org

RÉDIGER UNE VRAIE LETTRE DE MOTIVATION

« Le prétendant doit prouver qu'il s'intéresse réellement à notre société d'avocats. Il doit rédiger une vraie lettre de motivation pour nous démontrer qu'il envisage son avenir parmi nous. Il doit, par exemple, souligner qu'il a recherché des informations auprès d'anciens ou actuels collaborateurs ou encore nous comparer à d'autres cabinets pour expliquer en quoi nous l'attirons particulièrement », précise Stéphane Baller, avocat associé chez Ernst&Young.

LE STAGE : UN ÉLÉMENT DÉTERMINANT

Bredin Prat emploie 115 collaborateurs et recrute une quinzaine d'avocats chaque année, dont plus de la moitié sont d'anciens stagiaires : « C'est notre méthode de recrutement préférée, reconnaît Olivier Saba, associé. Comme nous sommes connus, nous attirons de bons CV, surtout en période de crise. La différence se fait alors surtout sur les compétences juridiques, la personnalité et l'envie de travailler. Autant d'éléments que nous observons aussi avec attention lors des stages. »

Chez Ernst&Young, la direction des ressources humaines en a même fait son credo : « Nous apportons beaucoup de soin à la sélection des stagiaires car ils sont potentiellement de futurs collaborateurs. Mais il est aussi important pour nous de leur faire découvrir à cette occasion le monde de l'entreprise. Désormais, tous les stagiaires que nous recevons passent quelque temps chez un de nos clients et certains décident même d'y rester », déclare Stéphane Baller, avocat associé.

PARIS OU PROVINCE ?

Chez les avocats d'affaires, Paris est longtemps resté comme le centre névralgique des affaires et donc, d'une carrière. Ce n'est plus le cas aujourd'hui. « Le territoire économique a beaucoup changé, affirme Christiane Terrier, DRH chez Fidal. Les grandes entreprises sont implantées un peu partout. On note aujourd'hui que 80 % de notre recrutement sont réalisés en province, dont 45 % se font auprès de jeunes diplômés. »

« Nous avons parfois du mal à attirer ces jeunes dans des villes moyennes. Il leur semble difficile de construire un avenir professionnel hors de Paris ou des grandes métropoles. Ils imaginent qu'en quittant Paris ils n'auront pas les mêmes perspectives professionnelles. Or nous nous attachons à leur offrir le même cursus de formation, les mêmes moyens et la même évolution de carrière que dans nos directions parisiennes. Dans les faits, on constate que les jeunes avocats basés en province acquièrent souvent une autonomie plus rapide en matière de contacts clients et que leur progression est tout à fait positive et motivante », assure Christiane Terrier.

ÊTRE SOI-MÊME PENDANT L'ENTRETIEN

Il faut savoir prendre du recul avec les formations et les entraînements à l'entretien d'embauche ! À l'image de Christiane Terrier, DRH chez Fidal depuis onze ans, les recruteurs ne sont pas dupes : « Bien sûr, il vaut mieux que les futurs candidats se préparent, mais certains sont surentraînés et ils arrivent avec une fausse idée du monde professionnel. Ils nous répondent comme des robots, répétant les mêmes arguments stéréotypés, avec une assurance parfois fabriquée. Au bout de dix minutes le masque se fissure et ils peuvent être déstabilisés par les questions qui fusent au cours de plusieurs entretiens successifs. »

Savoir être humble. « Nous préférons qu'ils connaissent les règles en usage dans le recrutement, tout en restant eux-mêmes. Nous avons besoin de collaborateurs sérieux, authentiques et qui ont encore de l'humilité pour apprendre. Nos clients n'acceptent pas plus de traiter avec des avocats hautains et prétentieux qu'avec des jeunes professionnels qui manqueraient de sérieux, de rigueur et de courtoisie », poursuit la DRH.

LE « TROPHÉE DU MEILLEUR JEUNE FISCALISTE »

Ernst&Young, comme les plus grands cabinets, multiplie les sources du recrutement en développant les partenariats avec les écoles, mais également en organisant des concours nationaux. « Nous embauchons des diplômés issus d'écoles et d'universités dont nous connaissons les compétences en matière de formation, détaille Stéphane Baller, avocat associé. Mais nous ne voulons pas nous priver d'excellents profils qui viendraient d'autres filières qui ne seraient pas dans notre vivier habituel ». Pour ce faire, Ernst&Young a créé *le Trophée du meilleur jeune fiscaliste* qui récompense chaque année 12 étudiants au plus haut niveau. « Ce concours nous a permis d'identifier des jeunes issus de filières que nous n'avions pas repérées, telles celles proposées par Rennes 1 et l'Institut des administrations des entreprises de Poitiers », souligne Stéphane Baller.

Le concours est ouvert aux candidats âgés de moins de 28 ans, inscrits en troisième cycle de droit universitaire, en dernière année d'une grande école ou dans un CRFPA, et enfin, à tous ceux déjà titulaires de l'un de ces diplômes. Il est composé d'une épreuve écrite qui est organisée dans les principales universités et grandes écoles participantes, comprenant un questionnaire à choix multiple et un sujet de réflexion, puis d'un grand oral. Les lauréats ont la possibilité d'effectuer un stage rémunéré chez Ernst&Young société d'avocats et peuvent bénéficier d'un stage dans le service fiscal de l'une des entreprises du CAC 40. Au total, 400 candidats tentent leur chance chaque année... Alors, pourquoi pas vous ?

À retenir

1\ **Il faut faire preuve** de créativité lors des entretiens.

2\ **Il est conseillé** de ne pas viser que les grands cabinets d'avocats d'affaires ou les entreprises du CAC 40.

3\ **Il faut multiplier** les stages.

14 Quel poste puis-je occuper en entreprise après des études de droit ?

De plus en plus d'étudiants en droit, même s'ils sont encore minoritaires, se tournent vers un métier en plein essor : celui de juriste. Loin d'être un avocat au rabais, c'est un rouage essentiel au cœur d'un autre système que celui de la justice : celui de l'entreprise. Un monde qui évolue vite et qui demande un haut niveau de compétences. Si hier les juristes avaient un bac+4, aujourd'hui ils ne peuvent espérer être recrutés sans avoir complété leur parcours de formation initiale par un cursus en école de commerce et un stage à l'étranger. C'est un métier qui a la particularité d'être un tremplin vers de plus hautes fonctions.

UN MÉTIER, PLUSIEURS FONCTIONS

Le juriste, très généralement embauché en CDI, se trouve en relation avec tous les services. C'est un meneur de projet qui doit savoir traduire dans le langage de chacun les nouvelles directives. Il est également en contact avec les avocats, les magistrats et des entreprises étrangères. Il doit parfaitement s'exprimer en français comme en anglais.

Différentes spécialités

Juriste d'entreprise est un terme général qui cache plusieurs spécialités. Les plus classiques sont les juristes généralistes, les juristes spécialisés en droit des sociétés ou en droit social, et les juristes en contentieux. Mais d'autres spécialités sont plus recherchées : les juristes experts en contrats internationaux et en droit immobilier.

Le juriste généraliste est LE référent juridique de la société. Il assure le suivi des contrats commerciaux et le secrétariat juridique, informe la direction des risques encourus et propose des solutions d'optimisation par rapport à l'évolution législative. C'est un poste qui se trouve plutôt dans les PME.

Juriste en droit des sociétés. Il supervise le secrétariat juridique au quotidien, assiste les opérationnels lors des négociations et participe aux grandes évolutions de l'entreprise. Il mène les audits, s'occupe du montage et du suivi des fusions et/ou des acquisitions ainsi que des opérations immobilières exceptionnelles.

Juriste immobilier. Il s'occupe de l'immobilier courant, comme les baux commerciaux, assure le suivi du contentieux immobilier, construction et urbanisme, et accompagne les équipes opérationnelles pour l'établissement des contrats.

Juriste en droit social. Il rédige les contrats de travail, accompagne les mesures disciplinaires et les licenciements, suit le contentieux et apporte ses conseils sur les opérations stratégiques. Il est en relation avec le conseil d'établissement, les syndicats, les délégués du personnel.

Juriste en contrats internationaux. Il travaille en amont. Il collabore aux projets de l'entreprise dès leur naissance, prépare les réponses aux appels d'offres, rédige et négocie les contrats, et accompagne les filiales à l'étranger.

UN MÉTIER QUI RECRUTE

« Après un gel des embauches durant la crise, le marché de l'emploi est à nouveau dynamique. Il existe de nombreux postes à pourvoir dans tous les secteurs », analyse Christian Lamy, associé du cabinet de recrutement Juristpartner. C'est d'ailleurs une profession jeune : la moitié des juristes ont moins de 35 ans. Dernier détail, et il est de taille : le recrutement est dynamique en raison de l'impulsion des pays anglo-saxons, de la judiciarisation des affaires et de la multiplication des contraintes réglementaires. Les grandes entreprises développent leur pool et les PME se dotent de plus en plus de service juridique interne.

« Des facilitateurs de business »

Le métier a fortement évolué. Hier, le juriste était dans une tour d'ivoire et n'était là que pour vérifier. Sa fonction a été peu à peu modifiée et le place aujourd'hui plus en amont. « C'est un facilitateur de business », lâche Christian Lamy, associé chez Jurispartner. Les dirigeants des sociétés attendent qu'il sécurise les affaires en proposant des solutions.

Aujourd'hui c'est un métier de communication, de pédagogie, de conseils : autant de valeurs ajoutées pour l'entreprise. Une volonté de rapprochement avec le métier d'avocat est défendue par l'AFJE (Association française des juristes d'entreprise), mais les avocats y sont globalement opposés. Selon eux, leur indépendance serait remise en cause.

@ **Pour en savoir plus :** www.afje.org/

Recrutement sur poste fixe

Plus sûr que le statut de travailleur indépendant de l'avocat, plus facile d'accès que le poste de magistrat, le métier de juriste d'entreprise est également assez prisé par les femmes qui souhaitent concilier vie de famille et carrière. Le dernier recensement de la profession compte 57 % de femmes sur 16 000 juristes. Toujours selon l'étude menée en 2008 par le cabinet Robert Half pour l'AFJE, 91 % d'entre eux sont en contrat à durée indéterminée, et les trois quarts travaillent en Île-de-France.

LA JOURNÉE DE PIERRE-ANTOINE STEJSKAL, JURISTE CONTENTIEUX CHEZ FRANCE TELECOM

Pierre-Antoine, 23 ans, a été embauché en janvier dernier dans cette entreprise internationale qui compte 600 juristes. Après avoir fait un master 1 droit de l'entreprise et des contrats, il s'est inscrit à l'EDHEC où il a décroché le *Master of Science in Legal and Tax Management,* ce qui lui a permis de perfectionner son anglais (c'est un cursus 100 % en anglais) et de se spécialiser.

Une large palette de tâches. « J'arrive à 8 h 30. Je commence par relever le courrier et les mails des agences et des clients professionnels. J'ai la charge des dossiers qui me sont confiés de A à Z. Je fais appliquer les délais pour les litiges, les contestations et les mises en demeure que je dois lancer par courrier. Je prends ensuite une pause déjeuner d'une heure. Mon après-midi se déroule très fréquemment au tribunal de commerce où je dépose un dossier et où je recueille le délibéré d'une audience. Il m'arrive deux fois par mois de plaider un dossier devant les magistrats. De retour au bureau, je gère un second flux de courriers divers et je termine ma journée entre 18 h 30 et 19 h 30. Je rédige une soixantaine de lettres par semaine. »

Évolution de carrière. « En fait, c'est une fonction qui me permet de rencontrer des problématiques et des publics très différents, je travaille en étroite collaboration avec les avocats, les huissiers et les mandataires de justice. Pour mes clients professionnels, je dois mener des recherches au niveau des procédures internationales, et lorsque je dois plaider, je recherche la jurisprudence correspondante. Parallèlement, 10 % de mon temps est consacré aux conseils. C'est une palette de tâches assez large pour ne pas être ennuyeuse. D'ici quelques années, j'espère toutefois intégrer le pôle financier ou le pôle fiscal qui correspondent davantage à mes études », poursuit-il.

DE SOLIDES ÉTUDES

Le niveau master 2 est le minimum requis pour prétendre à un poste. Mais même à bac+5, l'avenir n'est pas garanti :

« Un jeune diplômé aura du mal à trouver un autre emploi ou à évoluer dans la hiérarchie, même dans les PME, car les dossiers sont de plus en plus internationaux », remarque Anne-Laure Paulet, secrétaire générale de l'AFJE. La mondialisation des échanges a accru le besoin en compétences pointues, ce qui a conduit à une remise en question de la formation initiale.

Un master 2 pro : la base

Le master pro est davantage prisé par les employeurs qui apprécient cette formation, qui est plus proche de leurs attentes que le master 2 recherche. Les intervenants extérieurs sont nombreux et l'enseignement s'achève par un stage en entreprise.

Le DJCE. Le plus coté est le master pro juriste conseil d'entreprise et des affaires, plus connu sous le sigle DJCE. Créée dans les années 1970, c'est la plus ancienne des formations. Sur les 1 500 candidatures de master 1 envoyées, seuls 300 élèves sont retenus par les 11 universités qui délivrent la formation. La sélection s'organise sous la forme d'un entretien de motivation. Le DJCE (qui correspond à 1 200 heures par an) équivaut à obtenir un triple diplôme : un master 2 de juriste d'affaires, un certificat d'études spécialisées (en droit économique, droit fiscal, droit social, etc.) et un diplôme de juriste d'entreprise.

INFOS PLUS

Pour en savoir plus sur ce même sujet, lisez aussi la question **4** ▸ p. 29.

Le DJCE est également dispensé dans le cadre d'un magistère, la filière d'excellence de l'université. Accessible en licence 3, c'est un cursus de trois ans, très complet en droit des affaires, qui offre la possibilité de réaliser plusieurs stages. La sélection, très rigoureuse, se fait sur dossier et entretien dans seulement trois universités de droit : Lyon, Montpellier et Paris 2.

@ **Pour en savoir plus :** www.djce.fr

Cursus parallèle en école de commerce

La double formation est la voie la plus prisée des recruteurs. Les élèves qui passent par une école de commerce trouvent un emploi très rapidement. L'ESSEC affiche 100 % d'élèves du mastère spécialisé droit des affaires internationales et management placés après un an. Seul bémol, des frais de scolarité importants : de 7000 € à 18000 € par an selon les écoles. Celles du premier rang (HEC, ESSEC, EDHEC, etc.) sont les préférées des recruteurs.

Le MBA, un vrai « plus »

Les MBA *(masters of business administration)* sont en général réservés aux professionnels qui souhaitent reprendre des études. Exception faite de l'université Paris 2-Panthéon-Assas qui a créé un MBA de droit des affaires et de management gestion ouvert aux étudiants issus d'une première année en master juridique spécialité droit des affaires. Ce double diplôme est dispensé sur un an. Les frais d'inscription sont moindres que dans les écoles de commerce mais on ne compte qu'une trentaine d'élèves chaque année (sur 600 demandes pour l'année 2010-2011).

Le LLM pour améliorer son niveau en langue

Certaines universités proposent aux étudiants déjà détenteurs d'un master 2 en droit de passer un *Master of Law* (LLM), un diplôme américain ouvert aux étudiants étrangers. Une compétition très sévère se joue à l'entrée du LLM, car il n'y a en général que 20 à 30 places octroyées par université. La scolarité dans ces écoles étrangères anglo-saxonnes (de trois mois à un an) est gratuite dans le cadre d'un partenariat avec une université française, mais les frais de logement, de nourriture et de transports et divers restent à la charge de l'étudiant.

« Le seul défaut de ma formation était que je n'avais pas eu d'expérience à l'étranger, convient Guillaume Collart en master 2 juriste d'affaires à l'université de Dijon. Le partenariat entre mon université et la faculté de Anglia Ruskin University rattachée à Cambridge m'a permis de réaliser mon rêve. Grâce au LLM, j'ai pu acquérir la vision business que l'on trouve dans les écoles de commerce, tout en y ajoutant une touche de droit international montrant que je reste un juriste malgré tout. Je sais que ce diplôme est très apprécié car il prouve mon ouverture d'esprit et ma capacité d'adaptation à d'autres systèmes juridiques ainsi qu'à d'autres cultures. »

La sélection est drastique. Il faut envoyer une lettre de motivation, la photocopie des notes, des lettres de recommandations d'anciens professeurs et parfois, un travail juridique. Un piège est à éviter : ces dernières années, de nombreuses

INFOS PLUS

Pour en savoir plus sur ce même sujet, lisez aussi les questions 4 ▸ p. 29 et 9 ▸ p. 46.

petites écoles ont fleuri se déclarant rattachées aux établissements les plus prisés comme Cambridge ou Harvard. Elles sont moins coûteuses mais également peu connues et beaucoup moins appréciées des recruteurs.

UNE RÉMUNÉRATION GRATIFIANTE

La rémunération annuelle moyenne de la profession est de 55 000 € brut. En début de carrière (moins de trois ans d'expérience), le juriste perçoit en moyenne 30 000 € brut par an. Le juriste spécialisé en contrats internationaux ou *corporate* (assurant également les opérations immobilières complexes) débute, lui, à 38 000 € brut en moyenne. L'augmentation est ensuite régulière pour atteindre au bout de sept années d'expérience l'équivalent du double du salaire d'entrée. Toujours selon l'étude de rémunération Michael Page 2008-2009, un directeur juridique gagne en moyenne chaque année de 80 000 € à 180 000 € brut selon la taille de l'entreprise. Ce qui fait la différence, c'est le caractère international de la structure.

À retenir

1\ Le master pro juriste d'entreprise et des affaires est le plus coté.

2\ Le double cursus université-école de commerce est très prisé par les recruteurs.

3\ En début de carrière, le juriste perçoit en moyenne 30 000 € brut par an.

Les à-côtés. En plus de la rémunération annuelle, les juristes perçoivent une prime qui représente 10 % du salaire brut annuel. Par ailleurs, un quart des juristes ont accès à une voiture de société et autant à des stock-options.

15 Quels sont les métiers les plus rémunérateurs ?

Vous souhaitez gagner très correctement votre vie et vous vous demandez si le droit peut vous y aider. La réponse est oui. Le niveau scolaire requis pour accéder à la plupart des métiers, bac+5 en général, garantit un niveau correct de rémunération. Selon l'UNSA (Union nationale d'associations de gestion agréées), qui recense 185 000 professionnels libéraux, les professions juridiques avaient en 2006 un résultat net moyen de 169 000 € (contre 80 000 € pour les professions médicales et 37 000 € pour les professions techniques). Ces chiffres sont basés sur l'examen des déclarations fiscales des indépendants.

LE PALMARÈS DES PROFESSIONS LIBÉRALES

Les administrateurs judiciaires et les mandataires judiciaires arrivent en tête des revenus. Selon l'UNSA, un administrateur judiciaire réalise un revenu net moyen de 237 000 €, les mandataires judiciaires jouent dans la même catégorie.

Viennent ensuite les huissiers de justice. Si les huissiers salariés gagnent 60 000 € net par an, ils sont loin des associés qui débutent avec des revenus annuels nets de l'ordre de 70 000 € à 100 000 €. Des chiffres qui doublent en quelques années.

Les notaires ne sont pas loin derrière. Les revenus augmentent progressivement pour atteindre annuellement une moyenne de 221 000 € net.

Les avocats sont à classer en deux catégories. Il y a ceux qui ouvrent leur propre cabinet et qui gagnent très peu leur vie les cinq premières années : leur clientèle se fait petit à petit et leur permet parfois tout juste de couvrir les charges (location d'un bureau, déplacements, etc.). Une fois qu'ils sont bien implantés et mieux connus, ils perçoivent annuellement 49 000 € net en moyenne. La seconde catégorie est constituée de ceux qui travaillent dans un cabinet d'avocats d'affaires. Selon l'étude de rémunération Michael Page, effectuée en 2008-2009, un jeune diplômé perçoit en moyenne de 36 000 € brut par an dans un cabinet français en province à 78 000 € brut par an dans un cabinet d'affaires américain.

INFOS PLUS

Pour en savoir plus sur ce même sujet, lisez aussi les questions **10**▸p. 49, **11**▸ p. 54, **12**▸p. 61 et **13**▸p. 69.

@ **Pour en savoir plus :** www.unasa.org

LES JURISTES D'ENTREPRISE : UNE RÉMUNÉRATION ATTRACTIVE

Les juristes ne sont pas des travailleurs indépendants, mais œuvrent au sein d'une entreprise. Selon la même étude de rémunération Michael Page citée ci-dessus, les revenus diffèrent en fonction des spécialisations et des secteurs d'embauche. Un juriste généraliste jeune diplômé perçoit annuellement entre 22 000 € et 40 000 € brut alors qu'un juriste spécialisé dans les contrats internationaux peut

INFOS PLUS

Pour en savoir plus sur ce même sujet, lisez aussi la question **14**▸ p. 74.

espérer gagner entre 30 000 € et 45 000 € brut. Le juriste corporate, qui associe droit des sociétés et immobilier, est le mieux payé : entre 29 000 € et 60 000 € brut par an.

À retenir

1\ Il faut faire la différence entre les juristes libéraux et les juristes salariés dans une entreprise.

2\ L'évolution de carrière des magistrats est encadrée par la loi.

LES MAGISTRATS : UNE CARRIÈRE ADMINISTRATIVE

Leur salaire brut en début de carrière est de 2 100 €. Au bout de quinze ans de carrière, il s'élève mensuellement à 5 000 € net, montant auquel s'ajoutent des primes qui peuvent faire varier leur salaire de 9 %. Il faut noter que ces fonctions de procureurs ou de juges offrent neuf semaines de congés annuels.

INFOS PLUS

Pour en savoir plus sur ce même sujet, lisez aussi les questions **16** ▸ p. 86, **17** ▸ p. 89 et **18** ▸ p. 96.

16 Quelle est la différence entre un magistrat assis et un magistrat debout ?

Certains magistrats peuvent être assis (ce sont les juges), d'autres sont debout, prêts à prendre la parole (ce sont les procureurs). La frontière entre les deux postures n'est pas définitive, les magistrats peuvent passer d'une fonction à l'autre durant leur carrière.

▌LES MAGISTRATS DU SIÈGE

Les magistrats du siège sont assis pendant les audiences. Ce sont eux qui rendent la justice après avoir entendu les parties et le ministère public, c'est-à-dire le procureur. Et cela, que ce soit dans les tribunaux de grande instance, d'instance, les chambres correctionnelles, les tribunaux d'assises, les cours d'appel ou la Cour de cassation. Ils représentent les trois quarts des effectifs de la magistrature qui compte un peu plus de 8 000 membres et sont proposés par le garde des Sceaux (le ministre de la Justice) au CSM (Conseil supérieur de la magistrature) qui étudie les dossiers et donne son avis.

Les articles 64 et 65 de la Constitution définissent les missions et compétences du CSM, à savoir l'assistance du président de la République dans son rôle de garant de l'indépendance de l'autorité judiciaire, dans le cadre des nominations ainsi que dans la discipline des magistrats.

Une autonomie garantie

Les magistrats du siège ne peuvent être mutés ou promus sans leur consentement. Cette autonomie garantit leur liberté d'exercice et du même coup, leur impartialité. Ils ont la possibilité de devenir magistrats du parquet, ce qu'ils font rarement, rester à la même place, ou devenir premier président de la cour d'appel sur décision du Conseil supérieur de la magistrature (400 postes en France).

LES MAGISTRATS DU PARQUET

Au XVIIe siècle, le terme parquet signifie « petit parc ». Au tribunal, les juges étaient assis sur les trois côtés de la salle, formant ainsi une sorte d'enclos où les procureurs du roi se tenaient debout pendant l'audience. De nos jours, les magistrats du parquet, appelés également magistrats debout ou ministère public, s'adressent au tribunal ou à la cour le temps de leur réquisitoire. Ils interviennent soit pour engager des poursuites, soit pour proposer des peines. Les procureurs et leurs substituts représentent environ 2 000 personnes.

Ils dépendent du ministre de la justice. Tout comme les magistrats assis, ils sont nommés par la Chancellerie, à la différence près que l'avis du Conseil supérieur de la magistrature reste, dans leur cas, consultatif. Un fonctionnement que conteste d'ailleurs cet organisme qui réclame que les procureurs soient totalement indépendants vis-à-vis du pouvoir politique. Le parquet général est le nom du service dirigé par le procureur général dans une cour d'appel ou à la Cour de cassation.

▮ LA RÉFORME DU CSM

La réforme constitutionnelle souhaitée par le président de la République sur la composition et le fonctionnement du CSM, soit l'article 65, a été adoptée en juillet 2010. Nicolas Sarkozy a déclaré vouloir mettre fin aux accusations de « corporatisme » pesant sur la magistrature et a demandé que le CSM soit composé pour moitié de ses 16 membres par des non-magistrats. Autre changement de taille : ce n'est plus le président de la République qui préside le conseil. Cette fonction est attribuée à une personne nommée par le président de la République sur proposition du premier président de la Cour de cassation et du procureur général de cette cour.

À retenir

1\ **C'est le CSM qui recense** les candidatures des magistrats du siège et propose les nominations au président de la République.

2\ **Pour les magistrats du parquet,** l'avis du CSM n'est que consultatif.

@ **Pour en savoir plus :** www.conseil-superieur-magistrature.fr

17 Comment devenir magistrat ?

« Le magnifique métier de magistrat est à exercer avec passion et raison. Il fait appel à l'intelligence et au cœur et offre une large palette de métiers. Quoi de commun en effet entre un procureur et un juge des enfants ? » Eva Joly a beau avoir laissé de côté son premier métier, elle n'en reste pas moins éprise de celui-ci. La noblesse de la fonction, l'intelligence et le savoir qu'il représente lui confèrent une véritable aura. Au total, 8 000 hommes et femmes portent cette robe noire rehaussée de galons argentés dont les revers sont garnis de soie. Une fonction incroyable, accessible aux excellents élèves.

UN CONCOURS REDOUTABLE

Cela commence par un parcours classique : une licence, un M1 et un M2 de droit privé assez généraliste ou un M2 en droit public. Puis il faut réussir l'examen d'entrée à l'ENM (École nationale de la magistrature), à Bordeaux (33), qui vient de fêter ses cinquante ans. « Nous recrutons presque au même niveau que l'ENA (École nationale d'administration) », confie Emmanuelle Spiteri-Doffe, sous-directrice de l'établissement chargée des recrutements. Au final, seuls 10 % des candidats sont admis ! La promotion 2011 compte 138 admis dont 63 % au premier concours. Il en existe en effet trois, mais le premier est le seul ouvert aux étudiants, les autres concernent des professionnels du droit expérimentés. Sachez que le nombre de postes est en baisse passant de 192 postes en 2005 à 138 en 2011. Les candidats au concours peuvent s'y présenter trois fois au maximum. Après un échec, bon nombre de candidats se tournent vers les métiers d'avocat, de notaire ou d'huissier.

@ **Pour en savoir plus :** www.enm.justice.fr/

LE GIRL POWER ?

Force est de constater que les femmes sont en surnombre, comme d'ailleurs dans l'ensemble des métiers du droit. Au premier concours, 80 % des candidats sont des candidates, soit en 2011, 70 femmes reçues pour 17 hommes. « À âge égal, 25 ans en moyenne au premier concours, les filles montrent davantage de dispositions, c'est peut-être parce qu'elles se reconnaissent dans ce métier », commente Emmanuelle Spiteri-Doffe. Cette profession attire davantage les femmes qui cherchent à fonder une famille que le métier d'avocat qui s'exerce le plus souvent sous le statut libéral et sans garantie d'emploi, contrairement à celui de magistrat. La profession qui recense aujourd'hui autant d'hommes que de femme est donc sur le point de connaître une grande vague de féminisation.

COMMENT SE PRÉPARER ?

La plupart des candidats reçus à l'ENM ont validé un cursus classique en droit, jusqu'au master 2. Ce parcours généraliste en droit permet d'éviter une remise à niveau sur beaucoup de matières. La voie la plus prisée est un master 2 recherche en droit privé ou droit pénal, avec au cas par cas des spécialités (droit pénal et sciences pénales, droit pénal et criminel, droit pénal et sciences criminelles, droit privé et sciences pénales, droit privé et sciences criminelles, droit privé général, droit privé pénal). Compte tenu de la difficulté du concours, les étudiants ne se contentent pas uniquement de fournir une importante somme de travail personnel, mais suivent souvent une prépa à l'université, dans un IEP, à l'ENM ou dans une école privée.

INFOS PLUS
Pour en savoir plus sur ce même sujet, lisez aussi les questions **2** ▸ p. 15, **3** ▸ p. 22 et **4** ▸ p. 29.

La prépa IEP

« Même si les candidats qui viennent de cette formation sont assez peu nombreux (14 sur 87 au premier concours en 2011), il faut souligner qu'ils sont très bien préparés au grand oral », affirme Emmanuelle Spiteri-Doffe. Les IEP (instituts d'études politiques) ont plutôt pour vocation de former les hauts fonctionnaires au sein de leur CPAG (centre de préparation à l'administration générale). Les étudiants qui en suivent les cours peuvent donc aussi présenter d'autres concours comme ceux de greffier en chef, directeur de service pénitentiaire ou encore directeur de service d'insertion et de probation. Il est possible de suivre cette prépa en parallèle d'un master 2 carrières publiques. Les IEP de Paris et d'Aix-en-Provence sont ceux qui obtiennent les meilleurs résultats pour le concours de l'ENM. La sélection se fait sur dossier (50 admis sur 120 demandes), mais ce concours est également ouvert aux étudiants de

INFOS PLUS
Pour en savoir plus sur ce même sujet, lisez aussi la question **9** ▸ p. 46.

l'université qui composent presque 80 % des effectifs. La prépa est peu onéreuse : par exemple, 580 € pour l'année, à raison de cinq jours de cours par semaine, à l'IEP d'Aix-en-Provence.

La prépa IEJ

Les instituts d'études judiciaires de Paris 2-Panthéon-Assas et de Bordeaux sont ceux qui obtiennent les meilleurs résultats (près de 30 % contre 20 % en moyenne pour les autres). Méfiez-vous des petits IEJ qui proposent peu de cours, qui n'ont pas d'intervenants extérieurs et qui coûtent au final relativement cher (de 400 € à 800 € l'année scolaire). Sans sélection à l'entrée, les IEJ dispensent une trentaine de cours par semaine, plus un écrit de trois à cinq heures. « Les élèves peuvent suivre les cours, essentiellement de culture générale, en plus de leur master 2, mais la plupart choisissent de consacrer une année entière, sept jours sur sept à cette préparation, précise Pierre Crocq, directeur de l'IEJ Paris 2-Panthéon-Assas. On accueille d'ailleurs des élèves de toute la France. Chaque fois qu'ils ratent le concours, ils peuvent revenir le préparer. » Toutefois, ceux qui suivent leurs études dans une fac de province ne sont pas condamnés à l'échec, ils doivent juste davantage travailler de façon personnelle.

La prépa « égalité des chances » de l'ENM

Cette prépa, crée en 2008, a de bons résultats : cinq étudiants sur quinze ont réussi le concours en 2011. Elle s'adresse aux étudiants méritants, motivés et issus de milieux sociaux défavorisés. « Il s'agit d'une classe avec de petits effectifs où les élèves ont un suivi personnalisé. Ils prennent davantage confiance en eux qu'au sein d'un IEJ », commente Emmanuelle Spiteri-Doffre, responsable du recrutement. À côté de cela, l'ENM propose des stages rémunérés qui peuvent être effectués dans les cours et tribunaux par des étudiants en droit préparant le premier concours d'accès.

@ **Pour en savoir plus :** www.enm.justice.fr/ ; renseignements au 05.56.00.10.75.

Les prépas privées

Comme beaucoup, Mylène ne s'est pas contentée de la prépa. Elle était pourtant étudiante à l'IEJ Paris 2-Panthéon-Assas. « Pour préparer mon concours, j'ai travaillé pendant onze à douze heures par jour et jusqu'à quatorze heures pendant les révisions dans le cadre de l'IEJ. Le samedi, je participais aux "galops d'essais", les préparations aux épreuves écrites, puis je courrais le dimanche matin suivre les cours d'une prépa privée. » L'ISP, l'Institut supérieur de préparation, à Paris, fait partie de ces prépas privées : il se targue d'avoir formé 58 étudiants sur les 80 reçus en 2009. L'ISP propose des cours ainsi que des concours blancs. Les frais de scolarité y sont élevés : 2 880 € pour 2011.

UN CONCOURS REMANIÉ

Le concours et les enseignements ont été réformés en 2009 sur la requête du garde des Sceaux de l'époque, Rachida Dati. Il comprend aujourd'hui, en plus des neuf épreuves, un entretien oral de mise en situation et un entretien avec le jury qui porte sur les qualités attendues d'un auditeur de justice. Il ne s'adresse qu'aux élèves de nationalité française, âgés de 31 ans au plus, qui sont titulaires d'un bac+4 (peut-être bientôt bac+5 en raison de l'évolution globale du niveau), d'un diplôme de l'IEP ou qui sont normaliens. Ceux qui maîtrisent une troisième langue peuvent demander à passer une épreuve orale facultative (faire le compte rendu d'un texte de presse dans la langue choisie : allemand, espagnol, italien ou arabe littéral) qui permet d'engranger des points supplémentaires.

DES ÉTUDES « PRATIQUES »

La formation rémunérée (1 300 € net par mois en 2011) d'une durée de trente et un mois permet de devenir, au choix, juge de grande instance, juge d'instance, juge d'instruction, juge des enfants, juge d'application des peines, juge placé auprès du premier président, substitut du procureur de la République, substitut placé auprès du procureur général. Les élèves qui prennent le nom « d'auditeurs de justice » reçoivent l'enseignement de près de 600 intervenants, des magistrats, des médecins légistes ou encore des psychiatres.

Stages. La formation est essentiellement constituée de stages et débute par une semaine d'immersion dans un tribunal de grande instance. Puis elle se décline en deux temps forts : un stage de vingt et une semaines chez un avocat et trente-huit semaines de découverte du monde juridictionnel (justice civile, le pénal, et la justice des mineurs). La première année, les auditeurs suivent des cours communs. En seconde année, ils débutent « la préparation aux premières fonctions », qui consiste en six semaines d'études et dix semaines de stage en juridiction. Elle permet d'acquérir une connaissance approfondie des techniques et des acteurs qui gravitent autour de la fonction (éducateurs, avocats, etc.).

À retenir

1\ **Les études** de droit privé ou de droit public sont plus adaptées pour devenir magistrat.

2\ **Il s'agit d'un concours d'accès très élitiste** qui demande un an de préparation.

3\ **Les postes** sont attribués en fonction du rang de sortie.

L'EXAMEN FINAL, UN ENJEU IMPORTANT

À l'issue des trente et un mois de formation, les auditeurs passent un examen d'aptitude en quatre séquences : un entretien avec le jury, une épreuve de rédaction d'un jugement civil (6 heures), une épreuve de rédaction d'un réquisitoire (6 heures) et un test en anglais. Les résultats sont ajoutés aux évaluations de stage et permettent au jury de déterminer un classement des élèves. Les meilleurs peuvent choisir leur poste : en général, ceux de magistrats assis sont plus prisés que ceux de substitut du procureur. Mais au final, tout le monde a un poste, puisque le nombre de juges admis à l'école est déterminé en fonction des besoins de l'État. Très peu d'élèves échouent à cet examen final et les redoublements sont assez rares. La dernière étape est la prise de serment : « Je jure de garder religieusement le secret professionnel et de me conduire en tout comme un digne et loyal auditeur. » Le professionnel est tenu de servir l'État pendant au moins dix ans.

18 À quoi ressemble la vie d'un magistrat ?

Mener une enquête sur des détournements de fonds, mettre en examen un homme politique… la vie d'un magistrat s'inscrit tellement dans l'action que la routine n'a pas le temps de s'installer. Mais à côté de cela, c'est un métier difficile où il faut prendre des décisions qui vont bouleverser la vie des gens, comme ordonner le placement d'un enfant dans une famille d'accueil ou envoyer un homme en prison. C'est se frotter à la société dans ses pires travers, et parfois accompagner la police sur les lieux d'un crime. Un métier où les horaires sont amples et les priorités nombreuses. Au milieu de tout cela, le magistrat doit garder la tête froide. Une vraie gageure. À la sortie de l'ENM, il est possible d'opter pour le parquet ou la magistrature du siège.

DES MÉTIERS TRÈS DIVERS

Procureur, juge des enfants ou juge d'instruction… Chacun de ces métiers recouvre des réalités bien différentes même si le tribunal constitue le cadre commun de leur exercice.

Procureur, le grand ordonnateur

Le procureur reçoit les plaintes, dirige les enquêtes, décide des éventuelles poursuites à engager et requiert l'application de la loi devant le tribunal. Il est placé sous l'autorité du procureur général. Il intervient à la suite de la plainte d'un particulier ou sur information des services de police ou de gendarmerie. Son rôle est de rechercher et de poursuivre les auteurs des infractions. Il dispose pour cela des services de police judiciaire et peut faire notamment procéder à l'interpellation de personnes. Une fois ses investigations terminées, il décide soit de classer l'affaire sans suite, soit de renvoyer l'auteur du délit devant un tribunal. Il peut aussi saisir le juge d'instruction pour ouvrir une enquête lors de crimes ou de délits complexes. Il présente ses réquisitions devant les juges, mais n'assiste pas au délibéré de ces derniers.

Juge d'instance, le juge du quotidien

Il rend la justice seul, on dit qu'il statue à juge unique, pour les différends (les demandes qui varient de 4 000 € à 10 000 €) entre particuliers : crédit à la consommation, problème entre bailleur et locataire. Il est également juge des tutelles des personnes majeures et peut désigner un représentant pour les personnes âgées qui ont perdu une partie de leurs facultés mentales, et préside en outre le tribunal de justice pour juger les contraventions de cinquième catégorie. En présidant le tribunal paritaire des baux ruraux, il gère les contentieux entre les agriculteurs. De plus en plus, son rôle s'apparente à celui d'un conciliateur.

Juge d'instruction, un métier de terrain

Il travaille dans un tribunal de grande instance. Le procureur de la République le saisit lors de l'ouverture d'une information judiciaire ou de la constitution d'une partie civile par une victime. Il mène une enquête pour déterminer la vérité en rassemblant tous les éléments à charge et à décharge d'une affaire. Pour ce faire il procède à des interrogatoires, désigne des experts, ordonne des perquisitions, des écoutes téléphoniques. Au terme de son enquête, soit il rend une ordonnance de non-lieu, soit il renvoie la personne devant la cour d'assises ou le tribunal correctionnel, selon le cas, pour qu'elle y soit jugée.

Réforme à venir ? Attention, cette fonction pourrait être amenée à disparaître. Cette partie de la réforme de la procédure pénale, entreprise par le ministère de la Justice actuel, fait en effet l'objet d'une longue négociation : il est envisagé que la fonction d'enquête soit confiée au seul procureur qui dépend du pouvoir politique. Les organisations de magistrats et les associations de victimes dénoncent ce qu'elles considèrent comme « un placement du système pénal sous la tutelle du pouvoir politique ». Rappelons que le juge d'instruction a longtemps été présenté comme l'homme « le plus puissant de France » en raison de son pouvoir de mettre en détention. Or ce pouvoir a déjà été transféré au juge d'application des libertés et de la détention.

Juge des affaires familiales, le juge des divorces

Au sein d'un tribunal de grande instance, le JAF, comme il est communément appelé, intervient lors des procédures de divorce et de séparation de corps et détermine les titulaires de l'autorité parentale. Il fixe et révise les pensions alimentaires, organise la protection des femmes ou des enfants battus au sein d'une famille.

Juge des libertés et de la détention, le garant des droits

Le JLD, c'est le juge des libertés de et de détention. Crée par la loi du 15 juin 2000, il est garant de la liberté individuelle. Il intervient lors du placement en détention provisoire ou lors de sa prolongation, et examine les demandes de mise en liberté à la demande des détenus. Il peut aussi demander le placement d'un détenu sous surveillance judiciaire. Il peut prolonger la rétention des personnes étrangères en situation irrégulière afin de vérifier que la personne a été arrêtée dans de bonnes conditions d'interpellation et que ses droits ont été respectés lors de son placement.

Juge d'application des peines, le juge des détenus

Surnommé « le JAP », ce magistrat travaille au sein du tribunal de grande instance pour définir et contrôler l'application des peines prononcées. Il est amené à rencontrer en prison les prévenus et à travailler avec les travailleurs sociaux d'insertion et de probation. Il peut prononcer des mesures d'aménagements de peine, octroyer des permissions de sorties décider d'un placcment sous surveillance électronique et prépare la sortie de détention. Il vérifie que le prisonnier ait bien compris le sens de sa peine afin d'éviter les récidives.

Les juges administratifs, un statut à part

Au nombre de 1 200, les juges administratifs sont chargés de trancher les litiges entre l'administration et les particuliers au sein des tribunaux et des cours administratives d'appel. Ils peuvent être rapporteurs, rapporteur public ou président. Le juge rapporteur est chargé de diriger l'instruction, d'étudier les affaires et de préparer un projet de jugement. Le rapporteur public est chargé de donner son avis en toute indépendance. Quant au président, il anime et dirige la formation de jugement dont il a la charge. Ils sont principalement recrutés sur les bancs de l'ENA. Leur statut est différent de celui des magistrats de l'ordre judiciaire, mais il garantit leur indépendance, en assurant notamment leur inamovibilité.

UN QUOTIDIEN DIFFICILE

Les conditions d'exercice du métier ne sont pas aisées : les décisions sont parfois difficiles à prendre et les situations dramatiques sont le lot du quotidien d'un magistrat. De plus, les moyens financiers de la justice sont maigres. Nombre de tribunaux tombent en ruine. À Caen par exemple, le tribunal a dû être partiellement fermé : « Certains d'entre nous travaillent avec un casque de chantier sur la tête, il y a du plomb dans l'eau, du salpêtre sur les murs », témoigne un magistrat de façon anonyme. Il insiste malgré tout sur le fait qu'il exerce un métier de passion.

L'expérience d'Olivier Caracotch, vice-procureur du TGI de Nice

Olivier Caracotch est vice-procureur auprès du procureur général Éric de Montgolfier au pôle économique et financier du tribunal de grande instance de Nice : « Mon métier est au cœur de la société. Notre matière, c'est l'humain, ce sont les auteurs et victimes d'infraction. Le matin, quand je me lève, j'ignore de quoi la journée sera faite, et même la nuit. Je suis parfois tiré de mon sommeil par les appels des enquêteurs, y compris le week-end. C'est simple, je ne connais pas la routine. »

Une journée « classique » débute à 8h30 et s'achève vers 18h30. « Mais lors d'une audience, je dois être présent jusqu'à la fin, et une audience débutée dans l'après-midi peut durer six heures, voire plus. Au quotidien, je gère les enquêtes en lien avec les forces de l'ordre. Au final, le procureur est là pour orienter les dossiers et aider le juge à prendre la meilleure décision. »

Les compétences. « Il faut être humble et juste car nous avons des outils qui peuvent être dangereux. Par exemple, nous pouvons faire interpeller, placer sur écoute ou demander une garde à vue. Enfin, il est nécessaire de se remettre régulièrement en question, car les lois évoluent vite. »

L'expérience d'Eva Joly, ex-magistrate

Eva Joly se souvient de sa vie de substitut du procureur au parquet d'Orléans : « J'étais au boulot de 9 heures à 21 heures. J'avais une pile de dossiers à traiter dans la journée plus une audience par semaine où je passais une vingtaine de dossiers. Ce ne sont pas tous les vôtres, parfois vous les découvrez juste avant d'entrer en audience. Il faut pourtant les connaître aussi bien. Mes journées étaient également rythmées par des sorties avec les forces de l'ordre sur des meurtres, des massacres ou des accidents mortels. Je devais assister aux autopsies pour garantir le respect des règles. Les équipes qui vous entourent vous aident à supporter ces moments difficiles. Je siégeais également une fois par semaine en commission d'application des peines avec les directeurs de prison pour délivrer une permission ou autoriser une libération conditionnelle. »

Le métier de juge. Plus tard, elle a reçu le prix de l'intégrité de Transparency International, organisation de la société civile qui se consacre à la transparence et à l'intégrité de la vie publique et économique, pour son rôle dans l'affaire Elf : « Le métier de juge est un métier plus calme que celui de procureur, déclare Eva Jolly. Vous êtes malgré tout en première ligne, vous jouez un rôle de régulateur de la société. Vous êtes là pour identifier les auteurs des crimes et des délits et les punir. Votre fonction garantit l'État de droit. Je m'occupais des petits dossiers le matin et des plus importants l'après-midi. Par ailleurs, j'assurais des permanences le week-end, et j'étais sur place pour les perquisitions à domicile. »

« Les responsabilités sont très importantes, poursuit-elle, mais vous avez vraiment le sentiment d'être utile, vous pouvez changer quelque chose. Il ne tient qu'à vous de pousser les limites. Par exemple, promouvoir le droit des pères divorcés, développer la garde alternée, participer à la reconnaissance du droit de visite des grands-parents dans une famille recomposée, etc. Le changement ne s'arrête jamais. »

De la difficulté à prendre les bonnes décisions

Une juge des enfants préfère ainsi témoigner de façon anonyme sur la difficulté du métier : « Je porte deux casquettes. D'une part, je m'occupe des mineurs qui sont mis en danger, dont j'ordonne parfois le placement dans une famille d'accueil. Je travaille pour cela avec les éducateurs, les assistantes sociales, etc. D'autre part, j'ai aussi une approche pénale : je juge les jeunes délinquants. J'ai 370 dossiers à gérer, je prononce des mesures qui doivent parfois attendre six mois avant d'être appliquées car il n'y a pas assez d'éducateurs et que les conseils généraux n'ont pas les moyens de payer les familles d'accueil. »

Je ne suis pas une super-maman. « Les étudiants ont souvent une fausse idée de ce métier, poursuit-il : je ne suis pas une super-maman. Je n'ai même pas eu de cours de psychologie à l'école. J'écoute les avis des éducateurs, je fais attention à ce qu'ils ne soient pas eux-mêmes en conflit avec la famille en question. Parfois, je ne me sens pas légitime pour prendre une décision qui va affecter toute une famille, comme de séparer un enfant de ses parents car la relation est devenue trop fusionnelle. C'est très dur d'être confrontée à la souffrance d'enfants toute la journée. »

Avoir un mental fort

Procureur et juge sont confrontés à des situations déstabilisantes. Il faut rapidement avoir suffisamment de recul pour prendre les décisions les plus justes et hiérarchiser les tâches.

Par ailleurs, il faut avoir une grande capacité de travail : le magistrat est souvent amené à faire des heures supplémentaires, en audience ou sur le terrain pour constater les faits. Il doit de plus se tenir au courant de l'évolution des textes législatifs et de l'actualité.

QUEL PLAN DE CARRIÈRE POUR UN MAGISTRAT ?

Les magistrats peuvent passer d'un poste de juge à celui de procureur, mais le mouvement est souvent inverse. Les vice-procureurs peuvent aussi plus rapidement que les juges évoluer vers un poste hiérarchique supérieur. Les juges doivent patienter sept ans au second grade avant de pouvoir s'inscrire au tableau d'avancement et encore attendre qu'un poste de vice-président se libère. Les présidents de tribunaux sont quant à eux nommés par la Chancellerie sur avis du conseil supérieur de la magistrature.

INFOS PLUS
Pour en savoir plus sur ce même sujet, lisez aussi la question **16**▸p. 86.

UNE CARTE JUDICIAIRE REVUE À L'ÉCONOMIE

Le Gouvernement a souhaité revoir la carte judiciaire pour redéployer certaines juridictions en fonction de leur activité et de leur environnement, notamment la quarantaine de TGI qui comptent moins de huit magistrats. La carte qui datait de 1958 recensait 1 200 juridictions contre 819 aujourd'hui. L'objectif avancé était de « renforcer la collégialité, éviter la solitude du juge et accroître la spécialisation » pour lutter contre le côté multitâche des juges des petits tribunaux. La nouvelle carte judiciaire a supprimé 23 TGI sur 181, 178 tribunaux d'instance sur 473 et 55 tribunaux de commerce sur 239 (à noter la création de six autres).

La grogne des magistrats

Cette réforme a entraîné une levée de boucliers des professionnels de la justice qui y ont vu une nouvelle atteinte au fonctionnement celle-ci qu'ils estiment déjà lésée en moyens et en personnels. Il s'agit selon eux uniquement d'une réforme économique qui se fait au détriment des citoyens. Dans les faits, les justiciables de certaines petites villes doivent déjà se contenter d'une borne interactive pour faire leurs démarches.

UN SALAIRE PEU ÉLEVÉ AU REGARD DES RESPONSABILITÉS

En début de carrière, le magistrat perçoit un salaire mensuel de 2 600 € (identique à celui d'un professeur agrégé de cinquième échelon). Compte tenu de la longueur et de la difficulté des études conduisant à cette profession, ainsi que de la responsabilité engagée, c'est un salaire peu élevé. Au bout de quinze ans de carrière, il se monte en moyenne à 5 000 € net pour atteindre 8 700 € net au plus haut grade (ce qui ne concerne que certains présidents de tribunaux). Il faut ajouter à ce salaire de base une indemnité de résidence, une autre qui varie selon la fonction et diverses primes

À retenir

1\ Le métier de procureur est plus facilement accessible par le nombre de postes, et permet une évolution plus rapide (de substitut à procureur).

2\ Le métier de juge est plus calme, mais les responsabilités sont aussi importantes.

(astreintes, travaux supplémentaires, etc.) Soit entre 100 € et 700 € de plus par mois. Enfin, un bel avantage pour cette profession : la durée des vacances : neuf semaines par an, ce qui n'est pas négligeable !

19 Quel est le parcours pour devenir notaire ?

Profondément remanié, l'accès à la profession de notaire peut se faire par trois voies : professionnelle, interne et universitaire. Pour cette dernière, pas de secret ! Ce que souhaite la profession, ce sont des jeunes formés sur-mesure. Avec au programme, sept années d'études !

LA VOIE UNIVERSITAIRE

« C'est la voie royale, la plus rapide et la plus classique », relève Pierre Arcuset, enseignant en droit du notariat. Après un master 2 droit notarial, le postulant doit suivre un cursus en alternance sur deux ans dans une des 20 universités qui sont liées à un centre de formation professionnelle notariale. Il obtient alors le statut de notaire stagiaire qui lui permet d'être rémunéré à temps plein, à condition d'assister aux cours qui sont dispensés sous forme de travaux dirigés et de séminaires.

Des journées chargées

Durant tout ce cursus, il faut savoir jongler entre vie professionnelle et vie privée. Comme le confie Sophie Esmieu, aujourd'hui notaire : « Je n'avais pas d'enfants. C'était donc plus facile pour moi que pour d'autres collègues. J'ai tellement stressé pour les dossiers de l'étude, que je me préoccupais un peu moins de l'examen. Mais j'ai encore dans les oreilles la voix de la secrétaire de l'école qui m'a appelée un soir. Elle a juste hurlé : "Septième !" Ma vie a basculé. J'étais tellement heureuse. D'une manière générale, il est très important de faire un bon stage, c'est-à-dire être dans une étude où vous pourrez travailler sur plusieurs types de dossiers. »

Un diplôme et un titre

À l'issue de ces deux années qui sont ponctuées d'examens semestriels, il faut présenter un rapport de stage et le soutenir devant un jury. En cas de succès, le parcours est couronné par le diplôme supérieur de notariat et le titre de notaire assistant. Selon le rang de sortie, il est possible éventuellement de choisir son lieu d'exercice.

Le détour par le BTS

Si vous hésitez à devenir notaire, que vous n'avez pas une idée assez précise du métier, vous pouvez envisager de débuter votre cursus par un BTS notariat. Les stages vous aideront à savoir si vous êtes fait pour ce métier. Si vous postulez pour la licence pro droit et métier du notariat, vous entrerez directement en L3.

LA VOIE PROFESSIONNELLE

Le CFPN (centre de formation professionnelle du notariat) propose un cursus en alternance d'un an auprès de professionnels du secteur.

Le concours d'accès

Attention, il n'est possible de présenter le concours que d'un seul CFPN, et seulement à trois reprises. Il existe 11 centres en France. Le concours comporte trois épreuves écrites de trois heures chacune : le droit et la famille, le droit des obligations et, en épreuve commune, le droit commercial et le droit des affaires. Pour être admis, il faut réussir deux oraux, l'un en langue étrangère, l'autre sur un thème choisi par le jury. Le candidat doit rédiger un exposé de dix minutes puis échanger avec le jury pendant vingt minutes.

@ **Pour en savoir plus :** www.cfpnp.com/ ; www.letudiant.fr/etudes/annuaire-enseignement-superieur/formation.html

Une formation en alternance

Les enseignements sont assurés pendant une année complète par des professionnels du notariat, des professeurs, des avocats, des experts-comptables, des magistrats et des juristes. Il s'agit d'apprendre à rédiger des actes en matière juridique et fiscale, mais aussi à maîtriser la déontologie des notaires, la comptabilité et la gestion de l'office. Un stage de deux mois à temps plein permet une immersion complète dans un office de notaire au milieu de l'année scolaire. Les contrôles continus portent sur le droit immobilier, le droit patrimonial de la famille et le droit des affaires.

Le problème du stage

Nombre d'étudiants se mettent en quatre pour trouver le stage qui leur ouvrira les portes de la profession. Xavier Russo, aujourd'hui notaire à Marseille, a connu personnellement ce problème et livre quelques conseils aux étudiants : « Soyez mobile, acceptez d'aller en région parisienne ou dans des villes peu recherchées. Vous ne perdrez pas votre temps. Multipliez les expériences en amont, essayer d'aller vous présenter dans des études pour des stages d'un à deux mois, même peu rémunérés. Ils vous permettront de connaître les rouages d'une étude et les besoins d'un notaire. Cela changera votre vocabulaire, vous n'apparaîtrez plus comme un novice lors de la recherche de votre stage de longue durée. »

L'examen final

L'examen de sortie permet de décrocher le diplôme d'aptitude aux fonctions de notaire. Les épreuves écrites ont lieu en décembre et les oraux, le mois suivant. L'examen comprend deux rédactions de cinq heures et un exposé oral. Le jeune diplômé rejoint ensuite une étude où il est notaire stagiaire pendant deux ans, période pendant laquelle il est rémunéré. À l'issue des deux années de stage, le notaire stagiaire présente un rapport dont la note est comptabilisée en complément des notes de contrôle continu de chacun des séminaires. Il accède ensuite au titre de notaire assistant. Les frais annuels de scolarité s'élèvent à 3 500 € (il est possible de décrocher un prêt auprès de la Caisse des dépôts et consignation).

LES EXIGENCES DE LA VIE ACTIVE

La carrière d'un notaire est longue, du statut d'assistant à celui de notaire associé. Il est aussi possible de devenir salarié d'une étude.

Un statut d'assistant à rallonge

Le statut de notaire assistant dure longtemps, comprenez qu'il peut s'écouler de huit à dix ans avant que vous ne prêtiez serment. Il y a beaucoup de candidats et peu d'élus ; les postes étant rares, les assistants restent en place plusieurs années. L'avantage de cette situation, c'est qu'elle leur permet de se faire connaître par leur employeur qui peut ainsi décider, le jour du départ d'un associé ou d'un salarié, de faire appel à lui. L'assistant est moins bien rémunéré qu'un notaire assermenté, mais il a aussi moins de responsabilités.

Devenir notaire salarié

Pour ceux qui n'ont pas les moyens de contracter un crédit pour prendre des parts dans une association, devenir notaire salarié est une bonne solution pour débuter et se faire connaître dans le milieu. « C'est également une bonne voie pour celles et ceux qui veulent concilier leur métier et une vraie vie de famille, assure maître Xavier Russo, notaire à Marseille. Mais attention, ce statut est aussi moins rémunérateur, à moins de négocier une clause dans son contrat pour être associé aux résultats de l'entreprise. »

Devenir notaire associé

« C'est un parcours long et semé d'embûches. Il ne faut pas ménager ses efforts car c'est sur la durée que vous serez jugé. J'ai travaillé dur pendant dix ans avant que l'on me propose une association », témoigne Xavier Russo. Il est important d'être toujours en veille, de guetter les prochains départs

À retenir

1\ L'accès au métier est très long.

2\ Le nombre de places est limité.

3\ La rémunération est à la hauteur de votre patience.

à la retraite, mais aussi de faire des stages dans ces études afin de prouver sa capacité à reprendre la charge.

S'installer en individuel

C'est une possibilité assez rare. Il s'agit surtout de reprendre la charge d'une personne partant à la retraite. Toutefois, un concours dit « des offices créés » permet à ceux qui obtiennent les meilleurs résultats de s'installer en individuel dans un des lieux définis par le ministère de la Justice. Ce concours a en effet été créé pour couvrir aux mieux les besoins des Français. Certaines régions sont en mal d'officiers ministériels. Les notaires individuels et associés affichent en revenu annuel net de 220000 €.

20 Quel est le quotidien d'un notaire ?

Le notaire, c'est LA voix de l'État dans la vie de tous les jours : il enregistre les contrats de mariage, les testaments ou encore les transactions immobilières. C'est un officier public auquel chacun d'entre nous fera appel un jour ou l'autre : 20 millions de Français le consultent chaque année. En apposant son sceau et sa signature, il garantit à chacun le respect des lois. L'acte notarié a en effet la même force qu'un jugement. Le métier est d'autant plus intéressant qu'il comprend une part de management, car le notaire est en général entouré d'une équipe. Une ombre au tableau : c'est une profession qui évolue lentement, notamment en terme de mixité.

NOTAIRE, UN MÉTIER AU MASCULIN

La profession est masculine : seulement deux notaires sur dix sont des femmes, même si la proportion s'inverse pour les collaborateurs, puisque l'on recense 82 % de femmes sur les 50000 employés. Les 9000 notaires officiant sur notre territoire réalisent un chiffre d'affaires annuel de 6 milliards d'euros et établissent 4,3 millions d'actes authentiques chaque année. Si ce métier vous séduit, vous réaliserez la moitié de votre activité à rédiger des actes pour des transactions immobilières, un quart restant à la rédaction des actes familiaux – dont la succession –, et le reste au crédit et au conseil patrimonial.

@ **Pour en savoir plus :** www.notaires.fr

▌L'EXPÉRIENCE DE SOPHIE ESMIEU, NOTAIRE DANS UN PETIT CABINET

Sophie Esmieu a réussi le concours des offices créés et s'est installée dans les Bouches-du-Rhône (13). Son étude étant très récente, elle n'a qu'une collaboratrice à mi-temps et doit s'occuper également de tâches administratives. Ce qui n'est pas le cas de la plupart de ses confrères : « Ma journée débute à 9 heures pour s'achever à 21 heures au plus tôt. Je déjeune dans mon bureau, qui est équipé d'un réfrigérateur et d'un four micro-ondes. Avant d'arriver le matin, je consulte mes mails sur mon smartphone afin de gérer les urgences s'il y en a. Je m'occupe de lire le reste de mes mails et d'y répondre une fois arrivée à l'office. De plus en plus de clients envoient leurs questions par mail le soir, une fois rentrés du travail. Je gère en plus les appels téléphoniques et les rendez-vous avec les clients jusqu'à midi, puis je traite le courrier et m'accorde une pause déjeuner d'une heure. »

Multitâches. « Je consacre l'après-midi à la réception de personnes. Les signatures d'actes se font en général à partir de 18 heures, après la journée de travail de mes clients. Parfois, je dois les accompagner pour les signatures chez des confrères. Comme je n'ai pas d'assistante à temps plein, je rédige moi-même les actes. Je dois donc réunir les pièces nécessaires à la signature, ce qui est assez long. À côté de cela, je m'occupe des envois aux hypothèques, des chèques et des virements : je suis multitâche ! Je déconseille aux gens qui n'aiment pas le contact humain de faire ce métier. »

▌QUALITÉS ET OBLIGATIONS D'UN BON NOTAIRE

« Il faut être un bon juriste, avoir une bonne capacité d'écoute et le sens de la pédagogie pour conseiller le client », résume Gérard Barberoux, directeur du Centre de formation des notaires et de l'Institut des métiers du notariat à Aix-en-Provence.

Être irréprochable dans tous les aspects de sa vie : « Je jure de loyalement remplir mes fonctions avec exactitude et probité et d'observer en tout les devoirs qu'elles m'imposent. » (Article 57 du décret n° 73-609 du 5 juillet 1973). Ce serment impose de se comporter de façon exemplaire dans la vie professionnelle comme dans la vie personnelle.

Secret professionnel. Pas question d'aller raconter le montant de la succession à ses copains lors d'un apéro ! Le notaire est tenu à la plus grande discrétion et les clients lui font confiance. Toutes les informations qu'il reçoit sont secrètes, même celles qui sont publiques. Leur divulgation peut coûter au notaire un an de prison et 15 000 € d'amende. Toutefois, sur la demande d'un tribunal, le notaire peut délivrer ces informations. En cas d'infraction, il a l'obligation de dénoncer un confrère au procureur ou au président de chambre. Il doit également faire part de ses soupçons en cas de blanchiment d'argent.

Responsabilité pénale. En cas de dommage causé par un notaire, les clients sont garantis à la fois par une assurance professionnelle obligatoire et par la Caisse de garantie des notaires. Le notaire doit obligatoirement conserver l'original des actes (la minute) pendant au moins cent ans avant de les transmettre aux archives publiques. Aujourd'hui, tout est informatisé.

Pédagogue. Le vocabulaire juridique n'est pas à la portée de tous. La lecture des contrats est incompréhensible pour le grand public. Les notaires doivent vulgariser et expliquer le contenu, ils sont « les instituteurs de la loi ».

Conciliateur. Parfois la tension peut monter entre les membres d'une même famille ou entre les acheteurs et les vendeurs d'un bien. Le notaire doit alors apporter des solutions pour que chaque partie soit satisfaite. « Vendre un bien peut s'avérer difficile en raison de l'affect, constate Sophie Esmieu. Quelques clients ont l'impression de jouer leur vie. Je dois alors les aider à prendre du recul. »

Avoir les « nerfs solides ». « Comme ils endossent beaucoup de responsabilités civiles et pénales, les notaires doivent avoir les nerfs solides. Certains craquent. Personnellement, j'ai fait du body combat pendant un moment. Cela m'a aidé à me vider l'esprit », confie Sophie Esmieu.

UN MÉTIER AMENÉ À SE DÉVELOPPER

Après un gel des embauches lors de la crise immobilière, le marché de l'emploi, qui est adossé à celui des transactions, est reparti à la hausse. Il est « boosté » par la vague de départs à la retraite des baby-boomers.

Douce reprise des embauches

L'âge moyen est élevé : 49 ans. Quand un notaire s'en va, deux reprennent l'étude afin de diviser par deux le montant de l'investissement financier lié à la reprise. Le métier est moins verrouillé que vingt ans auparavant. Aujourd'hui le « fils du notaire » ne va plus reprendre l'office seul, mais s'associer avec un copain de fac. Il faut noter que la principale difficulté aujourd'hui est de trouver le stage de deux ans qui permet de valider la formation. Le CSN (Conseil supérieur du notariat) autorise pour six mois au maximum que ce stage soit effectué auprès d'un avocat, d'un expert-comptable, d'un commissaire aux comptes, d'un avoué, d'un administrateur judiciaire, d'un mandataire, dans un organisme professionnel notarial, ou dans un pays étranger, auprès d'une personne exerçant une profession judiciaire ou juridique réglementée.

INFOS PLUS
Pour en savoir plus sur ce même sujet, lisez aussi la question **19** ▸ p. 107.

Développement sur tout le territoire

Les offices sont répartis sur tout le territoire afin d'être accessibles à chaque Français. Le respect de cette notion de service public est garanti par la Chancellerie. C'est en effet le garde des Sceaux qui décide du nombre de

À retenir

1\ Un notaire est tenu de respecter le secret professionnel.

2\ Le nombre de notaires devrait doubler dans les prochaines années.

notaires et de la création de nouvelles études. Tous les intervenants s'accordent avec le Conseil supérieur du notariat sur la nécessité de doubler le nombre de notaires. C'est donc une voie d'avenir pour les étudiants.

21 Dois-je suivre des études de droit pour être commissaire-priseur ?

« Une fois, deux fois, trois fois : adjugé, vendu au prix de 106,48 millions de dollars ! » C'est le prix record du *Nu, feuilles vertes et buste* de Pablo Picasso. La vie de commissaire-priseur se situe entre le domaine du droit et celui de l'art. Et la formation pour y parvenir est à l'image de l'exercice.

UN MÉTIER À PLUSIEURS FACETTES

Le commissaire-priseur reste une perle rare : la France n'en recense que 590. C'est toutefois beaucoup plus qu'il y a dix ans, grâce à l'ouverture du marché à la concurrence et à l'arrivée des maisons anglo-saxonnes telles que Christie's et Sotheby's. De son côté, le marché de l'art est reparti à la hausse après avoir connu des difficultés durant la crise.

Des commissaires-priseurs judiciaires…

La plupart des commissaires-priseurs sont judiciaires, c'est-à-dire qu'ils peuvent vendre, à la demande d'un tribunal, les biens d'une entreprise saisie ou mise en liquidation. Habilités par le garde des Sceaux, ils prêtent serment devant un tribunal de grande instance. Leur nombre est réglementé. Le *numerus clausus* géré par l'État – et aujourd'hui arrêté à 430 – limite de fait la concurrence et assure de confortables revenus. La majorité des commissaires-priseurs travaille également pour les particuliers. Ils ont alors la charge de la vente d'objets ou de meubles. Ils estiment leur valeur afin de fixer la mise à prix initiale. Une excellente connaissance en art est donc indispensable. Enfin, il faut noter la féminisation croissante de ce métier : entre 2000 et 2010, 45 % des élèves en formation portaient un prénom féminin.

… ou volontaires

Depuis 2001, il est possible, sans avoir de lien avec la justice, de travailler comme salarié pour une entreprise commerciale ou de créer sa propre entreprise : le professionnel est alors appelé commissaire-priseur volontaire. Dans ce cas, il n'y a pas de *numerus clausus*, mais, le marché n'étant pas extensible, le nombre d'acteurs s'autorégule de lui-même. Les effectifs sont toutefois appelés à se renouveler dans les années venir, car en 2009, plus de 350 commissaires-priseurs avaient plus de 45 ans. De nombreux départs à la retraite devraient se traduire par une multiplication des reprises. Les chiffres d'affaires de la profession l'attestent : les ventes aux enchères plaisent aux vendeurs comme aux acheteurs, qui sont assurés de faire une bonne affaire. L'adoption d'une loi courant 2011 devrait accroître encore leur travail en les autorisant à vendre des biens neufs.

Les qualités d'un bon professionnel

Une connaissance encyclopédique. « Le travail du commissaire-priseur porte sur des objets datant du Moyen Âge à nos jours, explique Caroline Tillie Chauchard, commissaire-priseur. Il faut connaître l'architecture, la peinture, la sculpture et tous les arts décoratifs de chaque époque. Connaître la provenance des bois ou des marbres utilisés, les techniques de cuisson et les sceaux des faïenciers, les poinçons des orfèvres, etc. »

Avoir un don de persuasion. Le commissaire-priseur doit donner confiance au vendeur pour que ce dernier lui confie son bien.

Posséder un bon relationnel. Le commissaire-priseur intervient dans une situation tendue dans son rôle d'officier ministériel. Une personne en faillite réclame de l'attention, de la patience, voire de l'empathie.

L'expérience de Caroline Tillie-Chauchard, gérante d'une société de vente

Caroline Tillie-Chauchard a fondé sa société de vente volontaire, Dame marteau, après avoir passé plusieurs années comme commissaire-priseur judiciaire. Un choix qu'elle explique par sa volonté de cesser d'être confrontée à des personnes en situation d'échec, dans un climat tendu. Et un besoin de se rapprocher de l'art, sa passion.

En contact avec l'histoire des familles. « Ma journée débute à 8 heures et s'achève à 20 heures. Comme je n'ai pas encore de salle de ventes, je suis tout le temps en extérieur, chez les clients, pour expertiser et estimer les biens qu'ils veulent me confier. J'organise un calendrier des ventes sur l'année en fonction du nombre ou du type de meubles que j'ai en stock. Je fais beaucoup d'inventaires de maisons principales ou secondaires. Je mène de nombreuses recherches sur l'auteur de l'objet d'art. Quand j'ai des doutes, je vais consulter un expert, le plus souvent à Paris. C'est un métier où l'apprentissage ne s'arrête jamais. On entre dans la vie des familles : à travers les objets d'art, on est en contact avec leur patrimoine, leur histoire. Je me souviens par exemple d'un poème inédit d'Apollinaire, écrit de sa main. »

Une rémunération motivante

Le commissaire-priseur est payé sous forme d'honoraires. Le vendeur lui cède 7 % du prix de vente final, et l'acheteur 9 %. De plus, il perçoit des revenus complémentaires comme le bénéfice de la vente des catalogues d'exposition, ou les expertises. Un débutant perçoit environ 2 000 € par mois. Il n'existe pas de rémunération plafond, il suffit de vendre un Picasso pour faire fortune… mais c'est assez rare !

QUELLES ÉTUDES POUR Y PARVENIR ?

Le droit ne suffit pas pour devenir commissaire-priseur, car les matières juridiques ne disent rien de la valeur d'un objet ni de son histoire. Pour vous présenter au concours d'entrée, il vous faut absolument avoir fait deux ou trois années d'histoire de l'art. Rien ne vous empêche d'ailleurs de débuter votre cursus par cette voie.

Double cursus droit-histoire de l'art

Le métier est accessible avec un bac+2 de droit obtenu en parallèle d'un bac+3 d'art ou inversement. Mais dans la réalité, les étudiants poussent généralement jusqu'en master 1 de droit privé avant d'attaquer des études d'histoire de l'art. Avec le système de passerelle, l'étudiant est admis en L2 ou L3, selon les universités.

Double cursus à la Sorbonne. Depuis la rentrée 2010, l'université de la Sorbonne propose un double cursus histoire de l'art et droit. L'étudiant sort au bout de trois ans avec une licence de droit de l'université Panthéon-Assas et une licence d'archéologie et d'histoire de l'art de l'université Paris-Sorbonne. Ouvert aux bacheliers S, ES et L (sur examen du relevé de notes), ce parcours propose en option un atelier de professionnalisation. C'est une façon de gagner au moins deux années d'études, ce qui n'est pas négligeable en terme financier. Seuls 21 étudiants ont pu y accéder pour cette première année.

Aller au musée. Les connaissances enseignées à l'université, à la Sorbonne ou à Paris 10-Nanterre, pour ne citer que les grandes universités parisiennes réputées dans le domaine, restent très théoriques. Il faut absolument compléter ce programme par des initiatives personnelles : partir à la découverte d'expositions, des musées, des monuments, lire *la Gazette de Drouot* toutes les semaines, aller aux ventes, et essayer de faire des stages dans le secteur.

L'école du Louvre

Malgré son nom, la très sélect École du Louvre est gratuite (à l'exception des droits d'inscription d'environ 500 €). La grande différence, c'est que le cursus repart de zéro pour trois années de cours (après la réussite d'un test préalable à l'entrée). C'est plus long que le passage par l'université, mais aussi plus formateur car le système des passerelles à l'université, s'il raccourcit le parcours, réduit d'autant le volume de connaissances. Catherine Baron, en charge de la formation au Conseil national des ventes, encourage le passage par l'École du Louvre : « L'enseignement est plus concret, plus près des objets, ce qui est très utile dans la vie de commissaire-priseur. Il est très important de ne pas être pris au dépourvu par un objet et du coup de perdre la confiance du vendeur et au final, la vente. »

@ **Pour en savoir plus :** www.ecoledulouvre.fr/

Les autres écoles privées

Il existe plusieurs écoles qui forment dans les domaines artistiques, comme l'IESA (Institut d'études supérieures des arts) dont la formation en expertise de l'art, accessible après le bac ou après un master, est reconnue par l'État. Toutefois, l'école privée Drouot serait la plus reconnue par la profession. Elle est organisée par la salle des ventes du même nom située à Paris. Son coût s'élève à 6 600 € par an plus 350 € de frais de Sécurité sociale, carte adhésion musée, etc.

UN LONG APPRENTISSAGE PROFESSIONNEL

Après avoir atteint le niveau requis (bac+2 de droit, plus un bac+3 d'art ou inversement), les étudiants se présentent à un concours. Une fois reçu, chaque étudiant effectue un stage rémunéré de deux ans, dont au moins six mois sont à effectuer dans un office de commissaire-priseur judiciaire ou dans un office à l'étranger. Un examen final sanctionne l'expérience acquise durant le stage.

Environ un tiers de reçus au concours

Le taux de réussite est de 30 % en moyenne avec moins de 30 candidats admis. Le concours se déroule en deux temps : des épreuves écrites d'admissibilité, puis des épreuves orales d'admission. En cas d'échec, le candidat a droit à deux autres tentatives.

Prépas privées. Il existe des prépas privées qui proposent des sessions de préparation au concours d'entrée. Leur coût est très élevé (près de 7 000 €). Il faut garder en tête que le bachotage n'a guère d'intérêt. Ce concours repose sur l'ensemble des connaissances assimilées par un étudiant et non sur des domaines définis à l'avance. Pour bien se préparer, il ne faut pas hésiter à lire les annales des examens précédents sur le site du CNV (Conseil national des ventes).

@ **Pour en savoir plus :** www.conseildesventes.fr/

De l'importance du stage

« La salle des ventes dans laquelle l'étudiant effectue son stage détermine très fortement le contenu de la formation pratique dont il bénéficiera. Ce n'est pas la même chose d'effectuer un stage à Paris ou en province. De nombreux étudiants estiment

À retenir

1\ Un double cursus droit-histoire de l'art est obligatoire.

2\ Pour entrer dans la profession, il faut réussir un concours, trouver un stage puis le valider par un examen final.

qu'un stage dans une maison parisienne est préférable : il leur permet d'être mieux préparés à l'examen final et d'être davantage en contact avec le marché international », relève une étude publiée dans le rapport d'activité 2008 du CNV. Globalement, les étudiants dénoncent régulièrement la faiblesse des rémunérations pendant le stage : de 1 000 € à 1 200 € par mois, ce qui est peu pour vivre à Paris ou en région parisienne. À côté de cela, ils doivent suivre trois cents heures de formation théorique.

L'examen d'aptitude judiciaire

À la fin de la première année, le candidat passe des tests de connaissances. Un seul redoublement est autorisé. À l'issue des deux années, l'étudiant doit se présenter à un entretien afin d'obtenir un certificat de bon accomplissement du stage (90 % de réussite). Celui-ci en poche, il peut alors passer l'examen d'aptitude judiciaire. Une vingtaine de personnes réussit chaque année les trois épreuves orales, soit 75 % des candidats. La Chambre nationale des commissaires-priseurs judiciaires délivre le diplôme sur acceptation du garde des Sceaux. Plusieurs statuts sont alors possibles : soit entrer comme salarié dans une société de ventes volontaires, soit devenir associé dans une étude existante, soit en créer une. La plupart des commissaires-priseurs ayant choisi ce métier pour son indépendance n'aspirent pas à devenir salarié, ou alors pour un laps de temps défini.

22 Comment devenir huissier de justice ?

Le moins que l'on puisse dire c'est que l'huissier a une très mauvaise image dans l'opinion publique. Mais contrairement à une idée reçue, la saisie des biens d'une personne est loin d'être le cœur de son travail. Son champ d'action est plus vaste : règlement des jeux, vente aux enchères, administration de biens immobiliers, exécution des actes de justice, pour ne citer que cela.

UN MÉTIER VARIÉ ET TRÈS ENCADRÉ PAR LA LOI

Le secteur emploie 11 000 personnes, en majorité des clercs d'huissier. Il existe plusieurs niveaux de fonctions et de hiérarchie. C'est un métier très encadré où il faut se conformer aux règles.

Des besoins en recrutement

Sur 3 300 huissiers de justice, 840 sont des femmes. C'est peu, mais à l'image des autres professions juridiques, la féminisation gagne à chaque session de formation un peu plus de terrain. À ce rythme, d'ici cinq ans, elles devraient être plus nombreuses que les hommes. La plupart des huissiers sont associés au sein d'une étude, seuls 700 d'entre eux exercent en solitaire. La moyenne d'âge étant de 48 ans, une grande vague de départ à la retraite est imminente et devrait offrir d'importants débouchés. Le renouvellement de la profession devrait se faire d'ici à 2020. D'ores et déjà, la crise est passée et les offres de stage sont plus importantes que les demandes.

Les 300 étudiants qui cherchent chaque année une étude y parviennent sans trop de mal.

Libéral ou salarié ?

L'huissier exerce une profession libérale qui lui demande souvent d'être un manager : il encadre en moyenne sept employés. Mais depuis la réforme du secteur, qui a eu lieu en 2011, le jeune huissier peut entrer comme salarié au sein d'un office. Ce tout nouveau statut facilite l'entrée dans la vie active en rassurant les huissiers qui redoutent une association, et évite du même coup au jeune de devoir débourser une importante somme d'argent, nécessaire à l'association, pour entrer dans la vie active. « Les jeunes doivent le prendre comme une sorte de tremplin. Pendant qu'ils sont salariés, ils peuvent capitaliser pour ensuite se présenter comme associé dans l'étude ou ailleurs », appuie Patrick Safar, huissier de justice et secrétaire de la Chambre nationale des huissiers de justice. L'objectif, en général, est de parvenir à décrocher une place d'associé mais il faut pour cela mettre beaucoup d'argent sur la table. Les études sont en effet estimées entre 100 000 euros et 20 millions d'euros selon leur emplacement. En moyenne, il faut compter un million d'euros.

@ **Pour en savoir plus :** www.huissier-justice.fr/

L'expérience de Benoit Santoire, huissier de justice à Verdun

Maître Benoit Santoire est huissier de justice à Verdun, une zone rurale. Âgé de 39 ans, il exerce la profession depuis dix ans. Ses parents n'étant pas dans le droit, il a tracé sa propre voie : « J'arrive au cabinet à 8 heures après avoir déposé les enfants à l'école. Je suis associé avec deux autres huissiers, avec qui je partage le travail. Nous avons embauché dix employés. Je suis un homme de terrain, de contact. Mon quotidien est composé d'une multitude de profils, ce qui le rend riche et très différent d'un jour à l'autre. »

La conciliation. « Ce que je préfère, c'est la conciliation, tenter de renouer le dialogue entre des créanciers et des débiteurs. C'est vrai qu'il faut faire appliquer la loi qui exige le remboursement des dettes, mais nous pouvons le faire avec tact. Je cherche avant tout à comprendre la situation, à aider la personne. Ainsi, cette année, j'ai permis à un couple de sauver sa maison en recréant un dialogue avec ses créanciers. Je ne veux pas contribuer à leur mettre la tête sous l'eau. Quand je dois réaliser une tournée de saisie, je considère que c'est un échec. J'en fais malheureusement une par mois. Il faut également dire que nous sommes de plus en plus sollicités pour réaliser des constats lors de querelles de voisinage, ou d'adultères. »

Des activités variées. « Mais il y a des côtés plus agréables, comme le règlement des jeux proposés par des commerçants ou l'animation des ventes aux enchères, car il n'y a pas de commissaire-priseur sur mon secteur. Je fais également du juridique – des recouvrements de chèque sans provision –, et du conseil. Et la liste n'est pas finie : je m'occupe de syndic de copropriétés et je suis agent d'assurance. À quelle heure s'achève ma journée ? 20 heures ! »

Les qualités d'un bon professionnel

Être diplomate. « On est l'incarnation vivante de la défaite de quelqu'un devant un tribunal. Il faut donc choisir ses mots avant de s'exprimer face à des justiciables, montrer que l'on est à l'écoute », relève Maître Patrick Safar.

Être rigoureux. C'est un métier très technique. La moindre erreur peut générer des fautes de procédure. Notamment depuis l'adoption de la loi Béteille, le 22 décembre 2010, qui donne davantage de pouvoirs aux constats, ceux-ci comptant désormais comme une preuve et non plus seulement comme un renseignement. Cette loi octroie également à l'huissier la compétence de procéder à l'état des lieux d'un logement locatif. Une erreur coûterait cher à l'une ou l'autre des parties. Il faut aussi avoir une bonne maîtrise de l'expression écrite, car l'huissier rédige de nombreux documents au quotidien.

Jouer le médiateur. « Il faut savoir trouver un terrain d'entente entre créancier et débiteur, explique Maître Patrick Safar. Un créancier qui veut toujours que la procédure soit rapide et un débiteur qui cherche à ralentir la cadence car il ne veut ou ne peut pas payer. L'huissier doit essayer de faire comprendre à chacun les problèmes de l'autre. »

Être travailleur. « Comme dans toutes les professions libérales, il ne faut pas avoir peur de faire plus de 35 heures par semaine : il n'est pas rare de comptabiliser 50 heures hebdomadaires ! »

Une profession très rémunératrice

Un huissier salarié gagne environ 5 000 € net par mois. Un associé perçoit en début de carrière de 7 000 € à 10 000 € par mois, et beaucoup plus après quelques années d'expérience.

DES EXAMENS HYPERSÉLECTIFS

L'accès à la profession est un peu particulier puisque l'examen requis pour exercer le métier se déroule après avoir validé un master 1 en droit, au minimum (même si beaucoup de candidats sont en réalité titulaires d'un M2), et deux années de stage. Cet examen sélectif n'ouvre la porte de la profession qu'à un quart des postulants, soit une centaine de personnes. L'échec est cuisant pour les étudiants qui ont alors 25 ans et qui doivent se reconvertir, même s'ils ont le droit de se présenter quatre fois. La profession réfléchit à avancer ce concours avant l'entrée en stage. Durant le stage de deux ans, qui est rémunéré (un peu plus que le SMIC), le postulant suit en parallèle des cours à l'École nationale de procédure, à hauteur d'un jour par semaine.

@ **Pour en savoir plus :** www.enpepp.org

Devenir clerc d'huissier par l'alternance. Le métier est ouvert aux étudiants diplômés d'un master en droit ou d'un diplôme de

À retenir

1\ L'examen pour devenir huissier se déroule à l'issue d'un stage de deux ans.

2\ Un huissier salarié gagne environ 5 000 € net par mois.

clerc aux procédures, suivi de deux années d'expériences assorties d'une centaine d'heures de formation juridique dispensées en alternance : il faut donc déjà être embauché dans une étude avant de s'inscrire en formation. L'étudiant suit des cours un jour par semaine pendant deux ans. Le salaire mensuel brut d'entrée est de 1 900 €.

23 Qu'est-ce qu'un greffier de justice ?

« C'est un métier que l'on exerce avec beaucoup d'enthousiasme, on accède à toutes les juridictions. Selon la chambre dans laquelle on travaille, civile ou pénale, le métier n'est pas le même. Le greffier a sa propre indépendance, il ne dépend pas du magistrat avec lequel il collabore. » Au résumé que fait Pierre Charbit après trente ans de métier, il convient d'ajouter que c'est un métier accessible sur concours et qui permet de découvrir tous les pans de la justice.

UN VÉRITABLE SACERDOCE

Le greffier est l'assistant du magistrat, il a plusieurs missions. Il joue le rôle d'intermédiaire entre le public qu'il reçoit et les magistrats.

Greffier, la petite main du magistrat

On connaît bien son rôle au tribunal. Tout le monde a en tête la personne qui prend des notes tout au long des débats, mais on ignore ce qu'il fait avant ou après. En amont, il intervient à chaque étape de l'instruction : il enregistre les affaires, constitue les dossiers, prévient les parties des dates d'audience et de clôture. S'il travaille avec un juge d'instruction, il l'accompagne durant les autopsies, les perquisitions, les reconstitutions des faits.

En aval du procès, le greffier s'appuie sur ses notes pour dresser les procès-verbaux, puis il met en forme les décisions et les jugements. C'est le garant du bon fonctionnement de la procédure, de son respect et de son authenticité. Sans sa présence, le jugement rendu par un magistrat est frappé de nullité. Agent de la fonction publique de catégorie B, il est sous l'autorité du greffier en chef. Mais selon la taille de la juridiction à laquelle il est rattaché, il peut être investi de responsabilités de gestion.

Une profession inquiète face aux récentes évolutions

La réforme de la carte judiciaire s'est traduite par la disparition de postes de greffier et l'apparition de bornes interactives censées les suppléer. Autre point sensible : il est question à l'avenir d'assimiler les greffiers aux secrétaires administratives, qui sont généralistes contrairement aux greffiers qui sont des professionnels du droit. D'une manière générale, les greffiers dénoncent une dégradation de leurs conditions de travail. Déjà, devant le manque de personnel, le ministère a parfois recours à des agents de catégorie C pour assurer une partie de leur travail.

Face au manque de moyens. La faiblesse du budget de la Justice entraîne une véritable dérive dans le traitement des affaires. Un greffier que nous avons interrogé témoigne même de sa difficulté à se procurer des cartouches d'encre : il doit parfois attendre le budget suivant pour pouvoir imprimer et envoyer les décisions de justice ! Or, si les pièces ne sont pas envoyées dans un délai de trois ans, la décision est inapplicable.

Des revendications salariales. Les greffiers réclament une revalorisation de leur statut : ils souhaiteraient être classés fonctionnaires de catégorie A judiciaire et obtenir une révision à la hausse de leur salaire. Contrairement aux magistrats, ils ne perçoivent pas de prime au rendement, alors qu'ils enregistrent de nombreuses heures supplémentaires pour faire face aux besoins des justiciables. Actuellement, le salaire mensuel d'un greffier s'établit de la façon suivante : il est de 1 400 € en début de carrière et atteint 2 200 € en fin de carrière.

L'expérience de Pierre Charbit, greffier au TGI de Nice

« Ma journée de travail débute vers 8 h 30 pour se terminer à 17 heures avec une pause de quarante-cinq minutes pour déjeuner. Mais il arrive régulièrement qu'une audience en correctionnelle se prolonge et que je finisse à 22 heures. Le matin, j'assiste aux audiences, je relève les réponses des personnes interrogées, j'exécute les décisions, j'envoie les copies des documents aux avocats et aux particuliers. C'est difficile moralement car on voit toute la misère du monde. C'est aussi stressant car il faut prendre des notes pendant six à sept heures d'affilée, cela requiert une grande capacité de concentration et une bonne forme physique. »

Les qualités d'un bon professionnel

Être pédagogue. Au contact du public, le greffier doit gérer avec diplomatie des situations parfois tendues et expliquer des décisions de justice. Il doit traduire en français courant les termes juridiques, souvent complexes.

Être discret. Le greffier a en effet un devoir de réserve, il n'a pas le droit de parler des affaires en cours. Il prête d'ailleurs serment.

Bien maîtriser la langue. Il doit maîtriser le français pour rédiger et prendre des notes correctes et rapides, surtout pendant les audiences où il est rarement possible de demander de répéter. Il doit être capable de se concentrer longtemps car certaines audiences, notamment en correctionnelle, peuvent durer très longtemps, parfois plus de six heures.

Être rigoureux. Le greffier doit maîtriser toutes les procédures et s'appuyer sur de solides connaissances en droit civil et pénal. Il doit aussi être capable de gérer plusieurs dossiers en même temps.

Des possibilités d'évolution

Il est possible d'évoluer par mutation auprès d'autres juridictions, ou par changement de grade. Même si c'est assez rare, le greffier peut devenir greffier en chef, après un examen. Le greffier en chef a en effet un poste purement administratif. Son rôle est d'encadrer et de gérer les équipes de greffiers, il n'a pas de contacts avec les magistrats, ni avec les autres auxiliaires de justice, comme les avocats. C'est pourquoi peu de greffiers envisagent cette évolution.

▌QUELLE VOIE EMPRUNTER POUR ACCÉDER À CE MÉTIER ?

Le nombre de greffiers formés est déterminé par le ministère de la Justice en fonction des besoins recensés. En moyenne, 400 greffiers sont formés chaque année. On recense près de 10 000 greffiers en France.

Un concours de plus en plus sélectif

Le concours organisé par le ministère de la Justice est accessible en théorie à partir d'un bac+2, mais dans la réalité, la majorité des étudiants est de niveau bac+4, voire bac+5 (la sélectivité privilégie les étudiants en droit). Dans la pratique, les bac+2 ont intérêt à intégrer une classe préparatoire au concours au sein de l'École nationale des greffes, à Dijon (21), qui assure ensuite l'apprentissage du métier. Au programme : trois mois de cours à un rythme soutenu pour décrocher le niveau requis et passer avec succès le concours d'entrée dont les épreuves écrites se déroulent en région et l'oral à Paris.

À retenir

1\ Le greffier doit pouvoir traduire en français courant des termes juridiques complexes.

2\ Le niveau du concours est bac+2 en théorie, mais bac+5 dans les faits.

@ **Pour en savoir plus :** www.letudiant.fr/etudes/annuaire-enseignement-superieur/etablissement/etablissement-ecole-nationale-des-greffes-4100.html

---

Une scolarité en alternance

La scolarité, d'une durée de dix-huit mois, est rémunérée entre 1 400 € et 1 500 € par mois. Elle est marquée par de longs stages en juridiction qui sont régulièrement évalués. Le choix du poste se fait en fonction du rang de sortie de l'école : le meilleur pouvant opter pour l'emploi qu'il souhaite. Tous signent un engagement de quatre ans.

24 Que font les administrateurs et les mandataires judiciaires ?

Experts en droit et en commerce, les administrateurs et mandataires judiciaires interviennent auprès des entreprises sous le contrôle des tribunaux civils ou commerciaux. Lorsqu'une société est en difficulté, son dirigeant peut s'adresser au tribunal pour demander l'ouverture d'une procédure de sauvegarde. Au stade supérieur, si elle ne parvient pas à honorer ses dettes, elle peut opter pour la procédure de redressement judiciaire ou de liquidation judiciaire.

UN TOUT PETIT MONDE

Les étudiants qui tentent cette voie sont rares. À la méconnaissance du métier s'ajoute un nombre de postes très faible, ce qui n'encourage pas à choisir cette voie, pourtant passionnante. Les administrateurs (120) et les mandataires judiciaires (311) emploient près de 3 000 salariés, et les équipes regroupent en moyenne cinq collaborateurs : il s'agit en général de juristes, de secrétaires juridiques et d'avocats.

Le concept d'association date d'une dizaine d'années, conséquence directe de l'augmentation des départs à la retraite. Mais les pratiques évoluent lentement, notamment en ce qui concerne la parité : les femmes sont encore, et de loin, minoritaires. On retiendra que l'âge moyen s'établit autour de 45 ans, rien de surprenant puisque l'accès à la profession est tardif, la fin des études se situant entre 28 et 30 ans.

L'administrateur judiciaire, l'homme de la dernière chance

Ils ne sont que 120, dont une vingtaine à Paris. La vision de ce métier a évolué chez les dirigeants d'entreprise depuis la création de deux procédures à l'amiable : le mandat *ad hoc* et la conciliation. Ces procédures sont davantage enseignées dans les cours de management. Le P-DG accueille désormais plus facilement l'administrateur envoyé par le tribunal qu'il a sollicité. C'est en effet le chef d'entreprise qui décide de l'intervention d'un administrateur judiciaire en saisissant le tribunal. Lorsqu'il se rend compte qu'il ne parvient plus à faire face seul aux problèmes qu'il rencontre, il peut tirer la sonnette d'alarme plutôt que de laisser la situation empirer.

Un quotidien de contacts. Xavier Huertas est administrateur judiciaire depuis 1992 près de la cour d'appel d'Aix-en-Provence, et président de l'ASPAJ (Association syndicale professionnelle d'administrateurs judiciaires) : « Pendant douze heures par jour, cinq jours sur sept j'apporte un soutien aux chefs d'entreprise. J'apprécie la dimension humaine de mon métier : être là pour trouver la meilleure solution pour tous, de la manière la plus naturelle et intelligente possible. De l'autre côté, nous apportons un éclairage à la justice sur les chances de survie et les façons de s'y prendre pour redresser l'entreprise. Je gère plusieurs dizaines de dossiers au quotidien. »

Intervenir en situation de stress. « Je m'appuie sur ma vingtaine de salariés dont mes dix collaborateurs experts, qui ont une formation à bac+5. Je traite les rendez-vous à l'étude, je me rends dans les entreprises et je tiens les audiences. Je suis parfois confronté à des chefs d'entreprise dépressifs ou à des salariés en colère, car ils ne sont plus payés. Il y a beaucoup de stress et d'agressivité mais il faut veiller à ne pas se faire instrumentaliser », poursuit Xavier Huertas.

@ **Pour en savoir plus :** www.aspaj.fr/

Le mandataire, le liquidateur

Le nom et la fonction sont plus difficiles à endosser ! Le mandataire intervient pour procéder à la liquidation d'entreprises en faillite, quand le redressement n'est plus possible. Il est mandaté par les créanciers pour vendre au meilleur prix le patrimoine de l'entreprise, afin qu'ils puissent retrouver leurs investissements.

État des lieux. « Nous intervenons en amont, précise Marc Sénéchal, mandataire. Tout comme l'administrateur judiciaire, nous pouvons être désignés en mandat *ad hoc* ou en conciliation, procédures au cours desquelles nous établissons un état des lieux de l'activité et où nous rencontrons les partenaires de la société en difficulté pour tenter de la sortir de la crise. » Ce n'est que lorsqu'une procédure collective est prononcée que le mandataire est désigné soit comme liquidateur (en liquidation judiciaire), soit comme représentant des créanciers (en sauvegarde ou en redressement judiciaire).

L'expérience de Marc Sénéchal, mandataire

Marc Sénéchal est associé avec trois autres mandataires dans le plus important cabinet français : celui-ci emploie en effet 60 personnes. Il nous parle de son quotidien : « Je travaille en général de 9 à 21 heures, et très souvent mes journées s'achèvent à 23 heures Elles sont rythmées par les audiences, les rendez-vous avec les juges et avec les procureurs. Quand les audiences débutent à 9 heures pour prendre fin à 17 heures, je rentre à mon bureau où je commence une autre journée. Je rencontre également des chefs d'entreprise, leurs avocats, et leurs salariés. »

Ce qu'il aime dans ce métier ? « Son éclectisme ! Autant dans les compétences juridiques qu'il faut déployer que dans la nature des problèmes qu'il faut régler. À chaque dossier, on apprend : on s'intéresse au fonctionnement d'un secteur, on cherche à comprendre comment le produit est fabriqué et pourquoi l'entreprise se retrouve en difficulté. Nous découvrons des mondes économiques très différents, de l'industrie lourde aux sociétés de prestations de service, en passant par le monde de la finance. »

Les qualités d'un bon professionnel

Avoir une très grande capacité de travail. Les semaines sont chargées : près de soixante-dix heures en moyenne. « C'est un très beau métier qui "mange" le quotidien ; les années filent si vite, que du jour au lendemain on se retrouve à la retraite », reconnaît Maître Xavier Huertas.

Être créatif. Il faut trouver des solutions à des situations qui paraissent de prime abord insurmontables aux protagonistes. Cette capacité s'appuie sur une excellente connaissance du droit et des rouages comptables.

Être un excellent communicant. Des juges aux procureurs, en passant par les chefs d'entreprise et les salariés, la palette d'interlocuteurs est vaste : il faut savoir s'adapter et vulgariser les termes juridiques.

Une rémunération réglementée

Un administrateur judiciaire perçoit autant qu'un avocat d'un grand cabinet, soit en moyenne entre 180 000 € et 230 000 € brut par an. De son côté, un mandataire perçoit en moyenne 220 000 € brut par an.

La rémunération de ces deux professions est réglementée. Elle dépend de l'importance du travail accompli ainsi que de la taille et de la valeur de l'entreprise « cliente ». La rémunération sur le traitement d'un dossier (perçue à l'issue de son règlement) est fixée par le juge conformément à la loi. Un décret du conseil d'État fixe les modalités de rémunération des administrateurs judiciaires, des mandataires judiciaires, des commissaires à l'exécution du plan et des liquidateurs.

UNE FORMATION DE HAUT NIVEAU

Une fois diplômé (bac+4 au minimum), le futur professionnel peut se présenter à l'examen d'entrée au stage, lequel conditionne l'accès au métier. En moyenne, une dizaine de personnes sont reçues chaque année pour chacun des concours : administrateur et mandataire.

La formation initiale

Bien qu'un niveau bac+4 soit requis sur le papier, ne vous attachez pas à cette information. En questionnant des professionnels, il apparaît que le niveau est très clairement supérieur. Il faut faire un master 2 professionnel ou recherche en droit, puis une spécialisation avec un master 2 en comptabilité-gestion ou un master 2 droit des entreprises en difficultés qui se prépare à Paris 1-Sorbonne ou à l'université de Nice (surtout pour les futurs mandataires).

Formation en alternance. Il existe également une formation en alternance, proposée par l'université de Toulouse 1. Cette formation a l'avantage de mêler les cours dispensés par des professionnels (administrateurs, mandataires, avocats d'affaires, greffiers de tribunaux de commerce) et des cours plus théoriques.

École de commerce. Bien sûr, il est aussi possible de s'engager dans cette voie en faisant un détour par une école de commerce, avant une spécialisation en droit à l'université ou dans un IEP (institut d'études politiques). Attention, le coût est différent. Une année en école de commerce avoisine de 7000 € à 12000 €.

INFOS PLUS
Pour en savoir plus sur ce même sujet, lisez aussi les questions **2**▸p. 15, **3**▸p. 22 et **9**▸p. 46.

Un stage décisif pour l'entrée dans la vie professionnelle

Une fois reçu à l'examen (soit une dizaine de places par an), le futur professionnel doit trouver un mandataire ou un administrateur qui accepte de le prendre comme stagiaire pendant trois ans et de le payer au même titre qu'un salarié. Certains stagiaires peuvent percevoir 10 000 € brut par mois. Le choix du stage est décisif pour la suite de la carrière. Le volume d'affaires et le type d'entreprises seront différents selon la localisation du cabinet. En choisir un à Paris, ou dans une grande ville française avec un taux d'activité économique élevé, permet de voir davantage de secteurs qu'un cabinet situé en province. De plus, il faut savoir que le stage est un moyen de connaître les juridictions locales et donc de préparer le terrain à une future installation. Un examen sanctionne le niveau de sortie du stage. La plupart des stagiaires attendent plus de trois ans pour se présenter à l'examen final ; ils peuvent le faire deux fois au maximum. En cas d'échec, il est possible de se faire embaucher en tant que collaborateur, mais sans avoir le titre officiel.

À retenir

1\ **Ces professionnels** ne sont qu'une poignée.

2\ **Il faut un niveau bac+4** au minimum, puis être retenu pour effectuer un stage de trois ans minimum avant de passer un examen final.

3\ **La rémunération** est encadrée par la loi.

25 Quels métiers puis-je choisir pour travailler à l'international ?

Vous avez vraiment très envie de partir travailler à l'étranger... New York, Barcelone, Rio de Janeiro, Delhi, Beijing sonnent à vos oreilles comme autant des promesses de rencontres. Vous avez soif de partir, de découvrir de nouvelles façons de penser. Eh bien malheureusement, le droit n'est pas la meilleure filière pour réaliser votre rêve ! Les professionnels sont par essence des spécialistes du droit français, qui est déjà assez riche pour alimenter toute une carrière. Seules quelques professions peuvent être pratiquées à l'étranger, que ce soit celle de juriste en entreprise ou d'avocat d'affaires. Attention les places sont chères et la concurrence féroce. C'est à celui qui affichera le *curriculum vitae* le plus complet et le meilleur niveau en langue.

LES AVOCATS D'AFFAIRES : UN PROFIL EXPORTABLE

Les avocats spécialisés en droit des affaires peuvent évoluer à l'international. Soit en étant rattachés à un bureau français et en se déplaçant pour le compte de clients internationaux dans les différentes filières, soit en étant inscrits à un barreau étranger.

Les filières à l'étranger des cabinets français

Certains cabinets français ont intégré des réseaux et ont développé des synergies avec d'autres cabinets dans les pays où leurs clients sont implantés, comme CMS Bureau Francis

Lefebvre qui collabore avec huit grands cabinets européens, ou Bredin Prat. D'autres cabinets ont fait le choix d'ouvrir des bureaux à l'étranger, comme Salans en Europe centrale, DS Avocat en Asie ou encore Lefèvre Pelletier & associés en Asie et au Maghreb. Un cabinet français se distingue par sa stratégie de développement à l'étranger, il s'agit de Gide Loyrette Nouel dont presque un tiers des effectifs travaille hors de France.

Collaboration avec deux ou trois pays. Spécialiste en fusion acquisition, Olivier Saba, associé chez Bredin Prat, connaît bien le travail à l'étranger. Il a travaillé six ans chez Shearman et Sterling à New York, Londres et San Francisco. Son parcours : l'ESSEC, une maîtrise (équivalent M2) de droit des affaires à l'université Paris 2 Panthéon-Assas et LLM à la Harvard law School. Il fut membre du barreau de New York avant de s'inscrire à celui de Paris : « Le mythe de l'avocat d'affaires international n'existe pas. Si on est associé à Paris, on ne peut pas l'être aussi à New York. Dans les grands cabinets, l'avocat peut être amené tout au plus à travailler dans deux ou trois pays. En revanche, il collabore avec d'autres confrères à travers le monde. »

Le cadre international des « big »

Les départs sont possibles dans les grands cabinets internationaux, notamment les quatre cabinets qui collaborent avec les grandes sociétés d'audit : Deloitte, KPMG, Ernst&Young et PwC. Les collaborateurs peuvent être affectés à des missions comprises entre six et dix-huit mois et détachés dans les bureaux des compagnies à l'étranger (quand le temps d'expatriation est long). C'est le cas chez Ernst&Young comme l'atteste Stéphane Baller, avocat associé : « Nous encourageons nos collaborateurs à se frotter à une culture étrangère. Ceux qui ont cinq à six ans d'expérience dans la maison sont invités à faire un passage par l'European Tax Center, créé par Ernst&Young, à Londres. Ils reviennent avec de nouvelles idées et une grande maturité professionnelle. Nous en envoyons également certains à tour de rôle dans notre bureau de New York. Cela nous permet de tester les plus jeunes à l'international et de récompenser les talents. »

INFOS PLUS

Pour en savoir plus sur ce même sujet, lisez aussi la question **12** ▸ p. 61.

JURISTE D'ENTREPRISE : UN MÉTIER MONDIALISÉ

Pour faire face aux enjeux posés par la mondialisation des échanges, les entreprises recrutent des juristes capables d'évoluer avec aisance dans un cadre juridique complexe et de répondre aux besoins des clients et des fournisseurs répartis sur toute la planète.

Maîtriser les règles de droit international

Les juristes embauchés par les entreprises doivent composer avec les lois de différents pays et les lois communautaires pour assister les négociateurs, rédiger les contrats, étudier les transactions (par exemple : contrats de franchise, licences). Souvent, ils assurent le suivi du secrétariat juridique des sociétés et des marques, conseillent les directions de ressources humaines lors de la rédaction des contrats de travail. Ils sont par conséquent amenés à se déplacer dans les pays concernés pour prendre part aux négociations, et peuvent éventuellement être nommés pour quelques années dans une filiale à l'étranger.

Un accélérateur de carrière

Cette spécialisation permet de gravir plus facilement les échelons. À l'image du parcours de Pierre Charreton, l'ancien président de l'Association européenne des juristes d'entreprise. Il a débuté sa carrière dans une société française avant d'intégrer comme juriste Framatome, une société spécialiste du nucléaire. Il est rapidement détaché à Washington pendant deux ans, puis décroche à son retour un poste dans la direction juridique. Il passe ensuite par Thalès et Orange avant d'être nommé à 60 ans, directeur juridique du groupe Areva.

@ **Pour en savoir plus :** www.ecla.org/

ET POURQUOI PAS UN POSTE À LA COMMISSION EUROPÉENNE ?

Outre Bruxelles, où est situé le siège de la Commission européenne, il existe des bureaux de représentation dans les 27 pays de l'Union européenne et dans plus de 120 délégations dans le monde, du Pérou à la Papouasie-Nouvelle-Guinée.

Le rôle de la Commission européenne

La Commission européenne, qui emploie 32 000 salariés dont 11 % de français, est l'organe exécutif de l'Union européenne, comprenez par là que ses fonctions sont comparables à celles d'un gouvernement à part entière. Elle remplit quatre fonctions : élaborer de nouveaux textes législatifs et réglementaires et veiller à leur application, assurer la gestion quotidienne de toutes les politiques et activités de l'Union européenne, représenter celle-ci lors de négociations internationales. Les fonctionnaires sont divisés entre des directions générales (agriculture, concurrence, etc.) qui sont dirigées par un commissaire.

Le droit, une bonne entrée

Le recrutement sur concours est réparti en différentes spécialités, dont l'une est le droit. Dans les textes, le niveau licence est requis, mais dans les faits, le niveau des concurrents est plutôt un master 2 professionnel ou recherche. Une fois admis, le candidat peut postuler dans l'un des services juridiques de chaque direction générale, mais aussi au Parlement, au Comité des régions ou encore à la Cour des comptes européenne. Il peut aussi être affecté à une fonction qui n'a rien à voir avec le juridique, comme la communication ou les ressources humaines.

À quoi ressemblent les concours ?

Les concours généraux ont été réformés en 2010 pour fonder le recrutement à la fois sur les connaissances et sur les compétences (qui n'étaient pas jusqu'alors prises en compte). Autre innovation : le concours est ouvert aux étudiants qui n'ont pas terminé la dernière année de leur second cycle.

Un concours « entonnoir ». Il suffit de lire les chiffres pour comprendre : en 2010, 50 000 personnes se sont présentées au concours dont 700 au concours de la branche droit pour 40 admis. Chaque année, le recrutement tourne autour de 300 personnes, au total.

Première étape. Il faut vous inscrire sur le site EPSO qui vous informe des dates et modalités des concours. Dès cette étape, il vous est demandé de présenter vos motivations. Votre savoir est d'abord éprouvé lors de tests sur ordinateurs. Pour la première fois en 2011, les QCM ont été réalisés dans la langue principale du candidat. Ils évaluent votre raisonnement verbal, numérique et abstrait. Pour vous entraîner, la Commission vous adresse auparavant un lien avec un didacticiel.

L'évaluation des compétences. Une fois passée cette phase de qualification, vous êtes invité à vous présenter dans un centre d'évaluation, en général à Bruxelles, pour être testé cette fois sur vos compétences. Il s'agit d'évaluer votre niveau d'analyse et de résolution de problème : êtes-vous capable de faire preuve de créativité pour élaborer une solution originale qui débouche sur l'accord de 27 pays ? Savez-vous communiquer de façon claire et précise, à l'oral comme à l'écrit ? Les recruteurs de la Commission européenne sont en quête de personnes susceptibles de s'adapter rapidement à un univers multiculturel, capables de travailler en équipe en respectant les différences de chacun et montrant un sens aigu des responsabilités. Vous serez en effet au service de 500 millions de citoyens…

Pour en savoir plus : http://europa.eu/epso/

Comment s'entraîner ?

Martin Pouliot est administrateur à la Commission européenne et enseignant à Sciences po Paris, au master des affaires européennes. C'est aussi le coauteur d'un ouvrage intitulé *Préparer les concours européens. Les tests de présélection sur ordinateur. Tome I.* (Le tome II paraîtra début 2012, NDLR). « Il faut compter une année de travail mais on peut se préparer parallèlement à ses études ou à un travail. C'est un concours qui demande moins d'investissement personnel que ceux de l'ENA (École nationale d'administration) et de l'ENM (École nationale de la magistrature). Je conseille quand même de suivre une prépa. Elle permet d'apprendre à gérer son temps de façon optimale, notamment par la répétition d'entraînements et de concours blancs. Les questions ne sont pas toutes difficiles, mais il faut répondre dans un temps imparti, ne pas se laisser submerger. »

INFOS PLUS

Pour en savoir plus sur ce même sujet, lisez aussi la question **9** ▸ p. 46.

Il existe deux prépas officielles en France : l'une à l'ENA et l'autre à Sciences po Paris. Si tous les masters en droit sont les bienvenus, sachez qu'il existe des masters européens comme, par exemple, le master de droit européen dispensé à Lyon, Rennes et Paris 2.

Comment sont répartis les postes ?

Les noms et notes du concours sont envoyés aux chefs d'unités qui font leur choix. Mais le postulant doit aussi faire connaître son intérêt ! Il faut appeler directement le responsable de service (après 18 heures, car il n'y a plus de secrétaires pour faire barrage !) et présenter habilement sa requête. Mais il faut bien avoir en tête deux choses. La première est que le poste est ouvert à tous les personnels déjà en poste à l'UE, qu'ils soient contractuels (assistants, agents intermédiaires, agents intérimaires) ou fonctionnaires européens. La seconde, c'est que la répartition des postes libres doit toujours respecter la répartition des nationalités.

L'expérience de Martin Pouliot, administrateur à la direction générale de la concurrence

Martin Pouliot est administrateur à la direction générale de la concurrence qui emploie 1 000 personnes : « Je suis rapporteur en aide d'État. Concrètement, je reçois les notifications des États qui veulent apporter une subvention à une société ou toute autre structure. Cette notification comporte les motivations de l'État sur le sujet dont les lettres de demandes d'aide. Je lis l'ensemble et je vérifie la compatibilité de cette subvention avec les règles de liberté de la concurrence appliquées par la Commission européenne. Environ 1 000 cas sont traités chaque année par le service. Mon travail se fait principalement au bureau, mais il m'arrive de me déplacer dans des entreprises pour procéder à des perquisitions lorsque nous enquêtons sur des cartels. »

À retenir

1\ Les carrières à l'international sont courantes chez les avocats d'affaires et les juristes d'entreprise.

2\ Le droit est une bonne porte d'entrée pour réussir les concours de la Commission européenne.

Travailler dans une structure gigantesque. « Il faut être prêt à travailler dans un environnement administratif, très protocolaire où les procédures sont nombreuses. Il faut apprécier les structures gigantesques pour travailler ici. Il faut également avoir en tête que nous sommes dans un contexte multiculturel où les sources d'incompréhension sont multiples. Vos collègues ne pensent pas comme vous. Pour autant, il ne faut pas faire cavalier seul. Mais si vous aimez le droit, vous serez servi : la Commission est une machine à produire du droit », précise Martin Pouliot.

Université Panthéon-Assas
École de Droit & Management de Paris
MBA Droit des Affaires et Management
Sous la direction des professeurs Jérôme Duval-Hamel et Michel Germain
Un Diplôme d'excellence innovant
☑ Une double formation en Droit et Management
☑ Une professionnalisation avec 9 mois d'apprentissage dans des entreprises ou cabinets partenaires (Danone, Landwell & Associés, Total, L'Oréal, Areva...)
☑ Une Junior entreprise
☑ Des intervenants de premier plan : universitaires, dirigeants d'entreprises ou d'organisations internationales
« Le diplôme qui prépare à l'économie réelle »
Colette Neuville
Admission
1. Étude du dossier
2. Entretien devant le jury du diplôme

Index

R - S

T - U

Éditions l'Etudiant

Directeur de la rédaction : Emmanuel Davidenkoff.
Directrice de collection : Maëlla Ruellan.
Responsable d'édition : Cécile Coursol.
Secrétaire de rédaction : Christine Chadirac.
Assistante de rédaction : Marion Quentin.
Assistante diffusion : Hasnaa Doulimi.

Visuel
Directrice artistique : Evelyne Voillaume.
Conception graphique de la couverture : Christine Gasarian.
Maquette : Éliane Degoul.

Fabrication
Sabine Enders.

Relations presse :
VP Communication

Documentation
Directrice : Delphine Pietton.
Fonds général : Natalie Fernandez.
Écoles : Thérèse Arnault, Véronique Curely, Dominique Mongie.
Universités : Grégory Lannes, Julia Nadot-Leblanc.
Alternance : Jeanne Levavasseur.
Assistante : Marie-Odile Wettstein.

Commercial
Directrice : Chrystèle Mercier.

23, rue de Châteaudun, 75308 Paris cedex 09
Dépôt légal : octobre 2011
Imprimé en France

Imprimerie Darantiere - N° d'impression : 11-1189

ISBN 978-2-8176-0121-2
ISSN 1262-327X
Série Métiers : 1271-948X